「解釈改憲＝大人の知恵」という欺瞞

九条国民投票で立憲主義をとりもどそう

〔訂正〕　13頁4行目。　赤い字の部分が欠落しています。

御容赦ください。

「…万年与党である自民党と、　万年野党である社会党・共産党が」

今井一

現代人文社

はじめに

安倍晋三率いる自民党議員が圧倒的な多数を占めている国会では、連日、安全保障関連法案（安保法制、いわゆる戦争法案）を審議しています。その最中《さなか》、元自衛官の女性・Fさんが発した長文のEメールが私の元へ届きました。その中の一節を紹介します。

「九条まもれ」と言いつつ解釈改憲を認め続けてきた護憲派こそが、安倍安保法制を呼び込んだと言っても過言ではないと私は思います。……解釈改憲をこのまま許して安保法制が動き出すくらいなら、自民党の九条案が憲法改正国民投票で可決されるほうが私にとってはずっとマシです。

彼女の言葉を瞬間的に否定したり馬鹿にしたりしないでいただきたい。この一文は決して感情的に書かれたものではありません。深く考え抜いたうえで発した言葉です。

Fさんは、制定されようとしている安保法制にも自民党の九条改憲案にも反対しています。その立場から「(解釈改憲を許すくらいなら)国民投票で可決されるほうがずっとマシ」と記しているのです。彼女は、立憲主義と平和主義は異なる価値であるということを理解しており、この二つを一緒くたにして「九条と戦争・平和」について語る人が多い中、これを分けて考えているのです。立憲主義と国民主権の擁護を叫ぶなら、彼女の言うことに道理があるのですが、いわゆる護憲派のなかで、立憲主義と平和主義を分けて考える意味を理解している人が、今どれだけいるでしょうか。

［A］憲法九条は「一言一句変えてはならない」と主張するなら、現に存在する自衛隊の違憲の「戦力」をなくし、災害救助に特化・再編する。自衛のためでも戦争（交戦）はしない。

［B］自衛隊員が侵略に抗するために「人を殺したり、自身が殺されたり」することを認め、強いるのならば、憲法に自衛隊の存在と活動について明確に記して「戦力保持・交戦は違憲」のレッテルをはがす。

解釈改憲をやめ、立憲主義と国民主権をまもるなら、私たちは主権者としてA・Bどちらかを選ぶしかなく、護憲派の人たちも、ただ「九条まもれ」とか「戦争反対」と叫ぶだけでなく、このことで自身の考えを示さねばなりません。これまで、半世紀以上にわたって続けてきた、どちらも選ばずに曖昧なまやり過ごすという「大人の知恵」はもうもたない。それは、究極の解釈改憲をごり押しする隙《すき》を政権に与えます。そして、日本は憲法九条を護持したまま、どこかの戦争に突入することになり、自衛隊員の命と人権を奪う大きな罪をつくることになります。

自民党が民主党から政権を奪い返して以降、「平和主義」や「言論・表現の自由」を侵す流れが勢いを増していますが、こうした状況を招いた原因・責任を、好戦的な自民党・安倍政権にのみ押し付けるのは間違っています。本当に裁かれるべきは、主権者である私であり、あなたなのです。私たちは、この七〇年間、「戦争と軍隊」について真正面から向き合って、考え、話し合い、答えを出すことをしませんでした。そして、歴代の政権が進める再軍備の解釈改憲を「大人の知恵」として受け容れてきました。憲法に「戦争放棄・軍隊不保持」を謳《うた》いながらのそうした姿勢は自己欺瞞であり、解決すべき問題からの逃避でしかありません。

この本の中で、そのことを歴史的な事実から浮き彫りにすると同時に、日本国民が九条がらみで長らく患ってきた「病」を根治するための提案をします。

二〇一五年七月

目次

第4章　「解釈改憲」の始まり――88

第5章　欺瞞の殻から脱して道理ある道へ――137

第1章　乖離する九条の本旨と実態

憲法制定直後からあった自衛戦争論争

ポツダム宣言の受諾による降伏・敗戦から一〇カ月。一九四六年六月に新選挙法による衆議院総選挙が実施された後、第九〇回帝国議会が召集された。「帝国憲法改正案」(日本国憲法案)は、この議会で大いに議論されるのだが、このとき、衆議院本会議に上程された「第九条」はこうなっていた。

第二章　戦争の抛棄

第九条　国の主権の発動たる戦争と、武力による威嚇又は武力の行使は、他国との間の紛争の解決の手段としては、永久にこれを抛棄する。陸海空軍その他の戦力は、これを保持してはならない。国の交戦権は、これを認めない。

毎日新聞は、国会での審議が行なわれる前に、憲法改正案に関する世論調査を行ない、その結果とあわせた解説記事を掲載した(毎日新聞一九四六年五月二七日付)。

自衛権抛棄に危惧

第二　戰爭抛棄

憲法草案が世界史上画期的憲法といはれる所以は戰爭抛棄の條項を含んでゐるからである。これは敢てマッカーサー元帥の言の通り、敗戰の必然的結果とはいへ、むしろ原子時代に入つた世界に永遠の平和を招來するため先づ日本自らが一方的宣言を行つて「世界も武器を捨てよ」と強く呼びかけたところが、高く評價さるべきである、果してこの崇高な理念をわれ〳〵日本人はよく理解してゐるであらうか

「戰爭抛棄の條項を必要とするか」との質問に對し、「必要」と答へたもの　一、三九五（七〇％）

「不要」とするもの　五六八（二八％）

〈中略〉

この戰爭抛棄規定不要論者の根據として擧げられたものを檢討すると、第一に侵略戰爭は無論抛棄すべきだが、自衞權まで捨てる必要はないといふのが一〇一名あり、「民族の血を以て他國の侵略を阻止すべきである」といつたものが勞農運動者の中にも見られた、また、一方的宣言は無意味だ、余りにもユートピヤ的過ぎる、國際條約によるか、日本が永世中立國になるかした上でこれを國際聯合が保障しない限り、折角の戰爭抛棄規定も空文に陥る惧《おそ》れが多いからといふのが七二名あつた

六九年前の改正案発表時に、すでに「自衛戦争の放棄」に異議を唱え、「戦争放棄規定」そのものが空文に陥ることを危惧する声が、国民の中から上がっていたことがわかる。

当時の世論調査にも表れた九条案に対するこうした危惧や異議は、国会での審議でも噴出し、あとの章で克明に紹介するが、活発な議論が交わされた。

「侵略戦争の放棄は賛成だが、自衛戦争まで放棄するのは逡巡する」――人々がこうした思いや意見を抱くのは当然のことで、この当時も七〇年経った今も、九条問題の本質は、まさにこの点にある。ところが、大半の日本国民は市民も政治家もこの本質について真正面から考え、議論することを避けてきた。新憲法制定直後から七〇年間ずっと曖昧にしたまま、ここまでやってきたのだ。そうした姿勢が何をもたらしたのか。それは、九条を持ちながら戦争をする国になるという現実だ。

丸山眞男（政治学者、思想史家）、辻清明（政治学者）ら、こうなってしまうことを見通していた何人かの言論人が、早い段階で警告を発したが（あとの章で紹介する「憲法改正意見」の発表など）、それを理解し支持したのは僅かな人に限られた。そして、六〇年安保以降、護憲・改憲両派の暗黙の了解により、九条の本質的議論はほとんどなされなくなった。政府や国会議員および国民がそろって、「日米安保は違憲なのか、自衛隊は軍隊なのか、我々は軍隊を持つのか、自衛戦争をするのか」といった問題についてわざと曖昧にし、触れてこなかったのだ。

なぜそうなったのか。それについて、政治史学を専門とする御厨貴（東京大学教授・当時）はこう解説している（カッコ内は筆者による補足）。

（一九六〇年代以降、九条と自衛隊について与党は沈黙し、野党が「自衛隊は違憲だ」、「九条護憲を」と叫ぶ状況が続くが）

……（与野党は）そのことによって当時の政治体制をうまく運営していったのだともいえる。ドラマとして見るなら、万年与党である社会党・共産党が、互いにレゾンデートルを主張しつつ、現実には何もしないという共演体制がつづけられてきたと言ってもよい。

ただし、その一方で、事実として自衛隊は着々と成長を遂げていった。社会党が違憲と言いつづけるので、与党も自衛隊を「継子あつかい」しながら、実態としては軍隊に近い自衛隊がだんだん大きくなっていくのをながめている、というはなはだ珍妙な状況になった。

このような状況のなかで生活していたわれわれは、案外それに馴らされてしまったのではないだろうか。

（六〇年代から七〇年代にかけ、自民党の「国対政治」のなかに社会党は組み込まれていった）

そうなったとき、自民党も社会党も、「憲法」の問題については、すべてバーチャルな世界にあるものとして、安心して放置しておけるようになる。だれもがこれを現実社会の問題とは思わずに、議論のための議論であるという暗黙の了解がいつしか生まれていったからだ。このような状態が、戦後の高度成長期を通じて、ずっとつづいていった。

（湾岸戦争後の九三年八月の自民党の下野。そして、翌九四年六月の社会党の村山富市を首班とす

る自民党・社会党・さきがけの連立政権の誕生によって憲法問題をめぐる環境は大きく変わる）

これまでの自社共演体制の中でバーチャルな領域にあった「憲法問題」が、文字通りの自社連立政権の成立というリアリティの前に、もはやバーチャルではなくなってしまった。周知の如く村山首相は「自衛隊合憲」の見解を明らかにし、社会党は権力の代償にこれを認めてしまう。そして自衛隊を認めた途端に、社会党は消滅の道をたどることとなった。

その結果、憲法九条の問題は、自衛隊の存在そのものを争うことから、集団的自衛権の行使いかんの問題へと変貌をとげて、今日に至っていると言ってよい。

（御厨貴「九条棚上げの歴史を分析する」中央公論一二〇巻一号（二〇〇五年一月）一六四～一七三頁）

「九条と自衛隊」をめぐるこうした与野党、護憲・改憲両派の「欺瞞的な共演」については、双方が触れない、論じないという姿勢をとり続けてきた。とはいえ、中には、そのことの欺瞞性を突く人も僅かにいたが、多数派を形成することはなかった。その少数派の一人が、小泉純一郎である。

小泉首相が指摘した「欺瞞性」

二〇〇一年四月、国民の高い支持率を背景に自民党総裁の座を得、首相となった小泉は、憲法九条に関して思い切った発言を繰り返した。

もともと、今の憲法の解釈についてはっきりしていない部分があるんです、解釈によって。……いまだに本当に自衛隊は戦力を持っていないのかといえば、戦力がありますよね、自衛隊。しかし、憲法違反と思っている政党は少ないでしょう。こういう点も曖昧といえば曖昧じゃないですか。曖昧を認めない人の方が少ないと思いますよ、今の憲法。

（二〇〇一年一〇月一二日、衆議院・国際テロリズムの防止及び我が国の協力支援活動等に関する特別委員会での発言）

一般国民から考えれば、自衛隊は戦力だと思っているでしょう。しかし、憲法上の規定では戦力じゃないんですよ。ここが日本憲法の難しさ。必要最小限度の実力、これが憲法九条に規定している陸海空軍その他の戦力は保持しない、それではないんですよ。すっきりさせろ、すっきりさせろといったって、ここに今の日本の憲法論の解釈の違いがあるということを御理解いただきたいために、国民的常識で見れば自衛隊はだれが見ても戦力を持っていると見ているでしょう。今まで総理大臣はこういう答弁しなかったんですよ、建前ばかりに終始して。そういう建前じゃいけない、本音で議論しようと、本音で。そういう言葉上の定義でやると、もう袋小路に入っちゃうんですよ、この日本の憲法論議の。

（二〇〇一年一〇月二三日、参議院・外交防衛委員会、国土交通委員会、内閣委員会連合審査会での発言）

憲法改正の議論は、するのに何らおかしいことはない、私は常々言っているんです。解釈を変えるんだったら憲法を改正した方がいいということも私ははっきり言っているんです。今の憲法のまま解釈を変えるのはかえっておかしくなるというのが私の立場です。解釈まで変えるのだったら憲法を改正すべきだと言っているのが前々、私の一つの主張でありますし、これが直ちに改正に結びつくものではない。

……おかしい点がたくさんあります。例えて言えば、憲法九条もそうです。いまだに自衛隊について、解釈の点において、一切の戦力は保持してはならないということを言っていますけれども、果たして自衛隊が戦力でないと国民は思っているでしょうか。しかし、法律上の問題でこれは戦力じゃないと規定しているのであって、一般国民は、多くの国民は自衛隊は戦力だと思っているのは、常識的に考えてそうだと思いますね。（二〇〇二年五月七日、衆議院・武力攻撃事態への対処に関する特別委員会での発言）

一九五〇年、六〇年代ならこうした発言をすれば、間違いなく即刻辞職となった。彼はそれほど思い切ったことを言ったのだが、新聞紙面上は他の質疑と同じ小さな扱い。共産、社民両党や護憲グループからの追及もなく、この発言を契機に本質的な議論を本音で進めようという動きも起こらなかった。それぐらい、護憲・改憲両派を含む日本国民の「病」は悪化、進行していたのだ。

「きっぱり、はっきり」を避ける日本人について、「曖昧の美学」「曖昧の強み」を説く人がいる。否定はしない。だが、世の中には曖昧にしていいことと、よくないことがある。「軍隊を持つのか、持たないのか」、「戦争をするのか、しないのか」。この選択は国民の生活に多大な影響を及ぼし、敵味方を含め大勢の人の生命を左右する。にもかかわらず、私たち日本人は七〇年もの間これをうやむやにしてきた。

小泉の指摘通り、憲法で「戦力を保持しない」と定めながら、戦力を持っている日本。「保持しない」と定めたのなら持ってはならないし、持つのであれば「保持する」と明確に憲法に定めるべきだ。この件について自らの姿勢を明瞭にすることなく、かつて侵略したアジア諸国の信頼を得たいと言ってみても、それにはかなり無理がある。中国、韓国もそうだし北朝鮮だって同じ。日本を「軍隊のない国」「戦争をしない国」だと認識している外国の政府など、世界中のどこにもない。

「明文改憲」と「解釈改憲」

小泉が言いたかったのは、「自衛隊や自衛戦争など防衛に関する解釈改憲はもう限界。なので、護憲派も改憲派も自分たちにとって都合がいいからと曖昧にせず、きちんと明文改憲に臨もう」ということだった。

では、解釈改憲、明文改憲とはどういうものなのか。憲法改正とは、わが国の場合、憲法に定められた改正の手続き(九六条※)に則って、条文を改めたり廃したり新たに加えることをいい、これを「明文改憲」という。一方、「解釈改憲」とは、憲法の条文はそのまま一言一句改めずに、時々の内閣がそれま

※**日本国憲法九六条**　この憲法の改正は、各議院の総議員の三分の二以上の賛成で、国会が、これを発議し、国民に提案してその承認を経なければならない。この承認には、特別の国民投票又は国会の定める選挙の際行はれる投票において、その過半数の賛成を必要とする。(第二項省略)

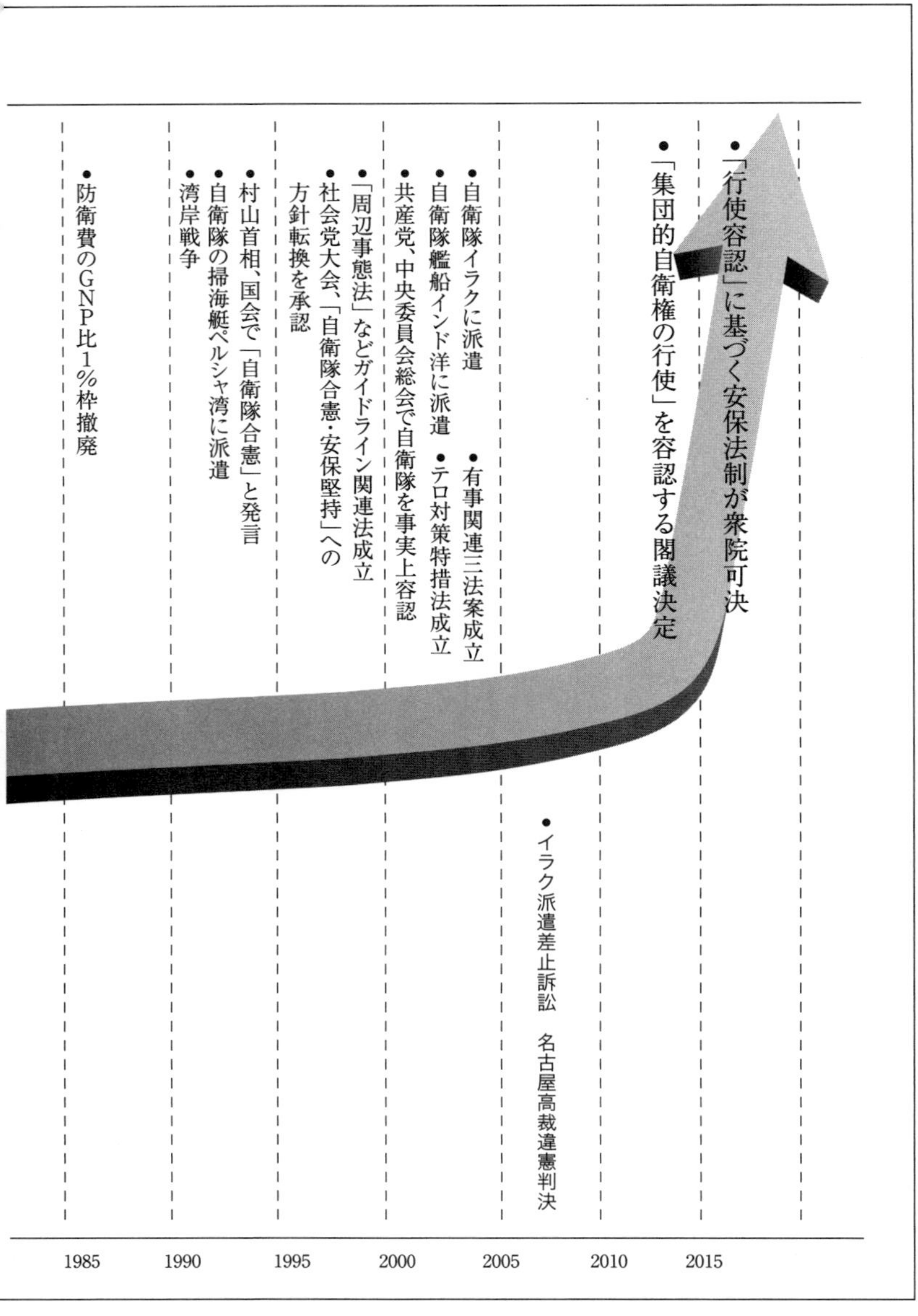
●「行使容認」に基づく安保法制が衆院可決
●「集団的自衛権の行使」を容認する閣議決定
●イラク派遣差止訴訟　名古屋高裁違憲判決
●有事関連三法案成立
●自衛隊イラクに派遣
●テロ対策特措法成立
●自衛隊艦船インド洋に派遣
●共産党、中央委員会総会で自衛隊を事実上容認
●「周辺事態法」などガイドライン関連法成立
●社会党大会、「自衛隊合憲・安保堅持」への方針転換を承認
●村山首相、国会で「自衛隊合憲」と発言
●自衛隊の掃海艇ペルシャ湾に派遣
●湾岸戦争
●防衛費のＧＮＰ比１％枠撤廃
1985
1990
1995
2000
2005
2010
2015

◎憲法九条の本旨と実態との乖離

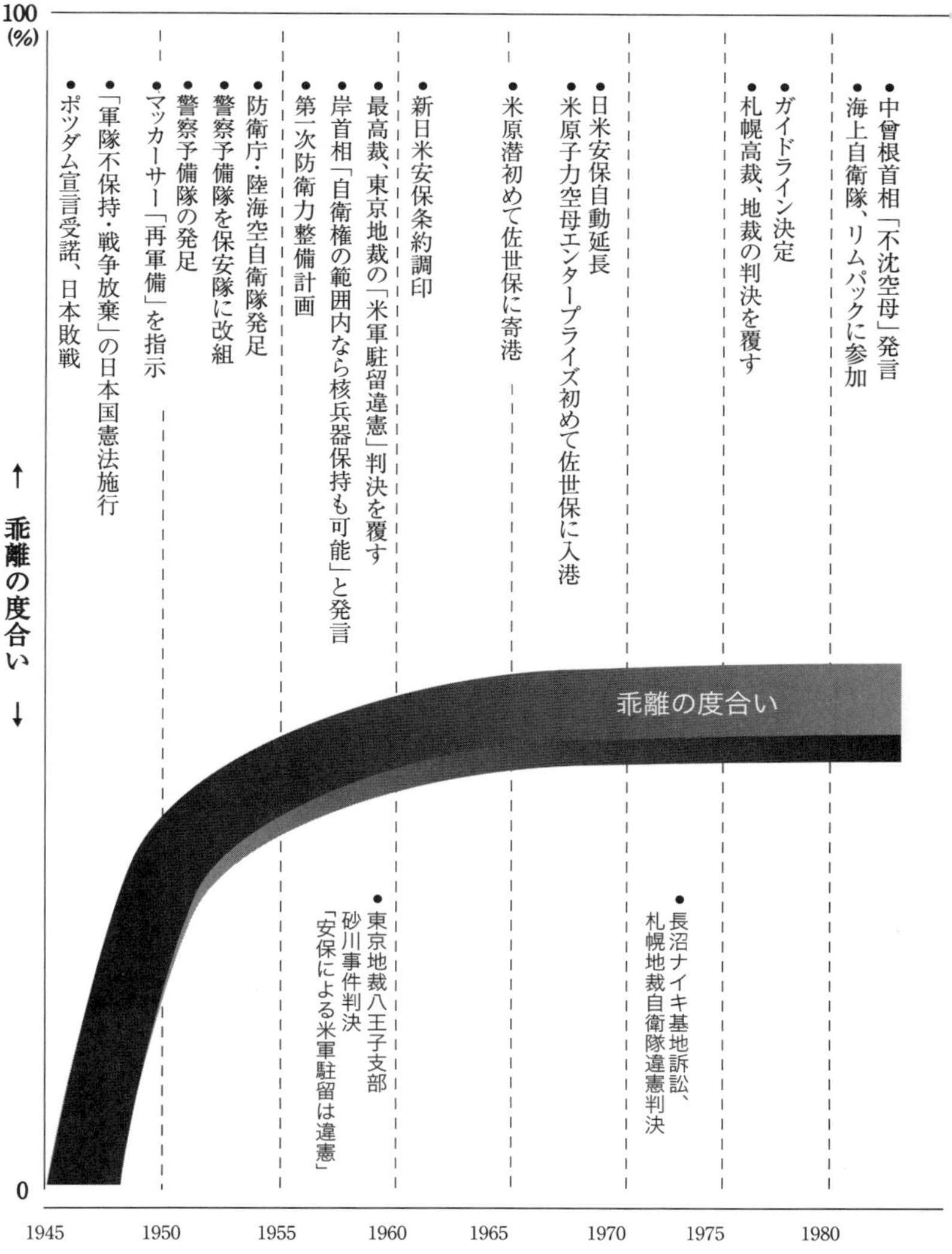

100 (%)
0
↑ 乖離の度合い ↓
●ポツダム宣言受諾、日本敗戦
●「軍隊不保持・戦争放棄」の日本国憲法施行
●マッカーサー「再軍備」を指示
●警察予備隊の発足
●警察予備隊を保安隊に改組
●防衛庁・陸海空自衛隊発足
●第一次防衛力整備計画
●岸首相「自衛権の範囲内なら核兵器保持も可能」と発言
●最高裁、東京地裁の「米軍駐留違憲」判決を覆す
●新日米安保条約調印
●米原潜初めて佐世保に寄港
●米原子力空母エンタープライズ初めて佐世保に入港
●日米安保自動延長
●札幌高裁、地裁の判決を覆す
●ガイドライン決定
●海上自衛隊、リムパックに参加
●中曾根首相「不沈空母」発言
乖離の度合い
●東京地裁八王子支部
砂川事件判決
「安保による米軍駐留は違憲」
●長沼ナイキ基地訴訟、
札幌地裁自衛隊違憲判決
1945
1950
1955
1960
1965
1970
1975
1980

での解釈を変更することによって、正式な改正の手続きを踏むことなく実質的に「改正」された状態と同じ効力を生み出すことをいう。

日本国憲法公布から七〇年、「明文改憲」は九条を含めあらゆる条文について一度も行なわれたことがない。だが解釈改憲は前頁図の通り、九条に関して着々と積み重ねられ、九条の本旨と実態との乖離は際限なく広がった。

解釈合戦の果て——集団的自衛権

日本が軍隊を持つか否か。これは法律で規定されるものではなく、憲法によって定められる。では、憲法の制定、改正は誰が決めるのか。首相でもなければ国会議員でもない。国民が主権者としてその最終決定権をもっているのだ。「九条」のみならず憲法を改廃するには国民投票による主権者の承認が必要（憲法九六条）で、その是非は一人ひとりの国民が投ずる一票により決する。つまり、日本国憲法に従うならば、この国が「軍隊を持つのか、持たないのか」「戦争をするのか、しないのか」は、国民投票によって決められるということだ。

だが、私たちは主権者でありながら、自身の意思を明らかにせず曖昧にしたままやりすごしてきた。その間、歴代の日本政府は、米国政府の求めもあり、半世紀にわたって断続的に憲法解釈を変更し、「自衛隊法」や「有事関連三法」、そして集団的自衛権の行使容認に伴う「安保法制」など、さまざまな法律を改正、制定することによって、九条を改めずして「軍隊を持ち」「戦争をする」という体制を、なし崩し的に構築してきた。そして、解釈改憲によるその作業は、集団的自衛権の行使容認とそれに基づく安保法制の成立によって、今やほぼ完了しかけている。「国民投票での主権者の承認」という憲法の規範によることなくである。私たちの無関心、曖昧な姿勢が政府に付け入る隙を与えてしまったのだ。

近年、急速な経済発展を遂げた中国との国家間摩擦が高まったことや、「イスラム国」を自称する過激派組織ＩＳによる日本人殺害事件などの影響から、日本国民はテロを含めた「有事＝戦時」というものを、これまで以上に現実性を帯びたものとして考えるようになった。ところが、自衛権をどのように行使するのかについて、その詳細はおろか基本的な事柄についてさえ、憲法制定以来七〇年近い時を経ても結論が出されていないし、国民的合意というものもない。当たり前だ。軍隊を持っているのかいないのか、戦争をするのかしないのかを曖昧にしている国が、詳細な自衛権行使のありようなど決められるはずがない。にもかかわらず、国会の中では、条文に従えば自衛隊は違憲だ、合憲だ、自衛のための戦争は認めている、いや自衛であろうが交戦権はない……。こういった条文の「解釈合戦」を相も変わらず続けている。

現行憲法下での集団的自衛権の行使容認——安倍政権がしでかした解釈改憲は度を越してひどいが、「自衛隊は合憲、日米安保も合憲、九条を侵してはいない……」など、歴代政権がこれまで重ねてきた解釈改憲は、護憲・改憲両派にとって互いに都合のいい暗黙の合意だった。

言論人や政治家の中には、このような合意は、「欺瞞」ではなく「大人の知恵」だと言う人がいるが、その知恵は九条の真髄たる非戦の理念に帳《とばり》をかけ、立憲主義を侵し、主権者の思考停止を促すものでしかない。

「大人の知恵」は、もうもたない。国民主権と立憲主義を立て直すためには、戦争、軍隊、この国の行方について最終決定権をもつ一人ひとりの国民が、主権者意識を高め、議論を重ねて答えを出すしかないのだ。私たちは議員に委ねることなく、「戦争をするのか、しないのか」という、極めて重大な国家意思の決定に主権者として関わらなければならない。

第2章　解釈改憲＝大人の知恵

曖昧を通す「九条の会」

二〇一五年三月一九日、私は、「九条の会」に対して、下記の質問状を送付した。

九条の会　殿

昨年八月八日にこれとほぼ同じ内容の「質問状」を送付しましたが、半年以上が過ぎた今もなお回答を頂戴していませんので、あらためて簡易書留にて送付します。

ひと月後の本年四月二〇日までに回答を頂戴できれば幸いです。何とぞ宜しくお願い申し上げます。

貴会の憲法九条に対する理解、認識について、お訊ねしたいことがあります。

二〇〇四年六月一〇日の結成時に発表された「九条の会」アピールの中に、下記の一文があります。

［私たちは、平和を求める世界の市民と手をつなぐために、あらためて憲法九条を激動する世界に輝かせたいと考えます。……日本と世界の平和な未来のために、日本国憲法を守るという一点で手をつなぎ、「改憲」のくわだてを阻むため、一人ひとりができる、あらゆる努力を、いますぐ始め

ることを訴えます。」

憲法九条が世界にも稀な平和憲法であるという理由は、「戦力の不保持」「交戦権の否認」という定めにより、「侵略」はもちろん「自衛」のためであっても戦争をしない、自衛戦争さえ放棄している点にあります。これが九条の最大の特徴であり本質でもあります。

そこでお訊ねしたい。

貴会は、上記アピールの中で九条を「世界に輝かせたい」「日本国憲法を守りたい」と記していますが、その憲法九条を、貴会は、自衛戦争を含むあらゆる戦争を放棄するものとして理解、認識し、これを「輝かせたい」「守りたい」と考えておられるのか、自衛戦争は放棄せず侵略戦争のみ放棄するものと理解、認識して「輝かせたい」「守りたい」と考えておられるのか、どちらでしょうか？

呼びかけ人の一致した見解があるとか、会としての公式見解があるなら、それを示していただきたい。もしそうしたものがないのなら、呼びかけ人の個々の見解を伺いたい。

これは些末なことではなく本質的な問題であり、人々に呼びかける側（九条の会）は、それを明らかにする責務があると考えます。

「憲法九条を守りたい」と考えている人の中には、九条を（憲法制定当時の政府見解通り）自衛隊や自衛戦争を認めないものだと認識している人もいれば、自衛隊の存在を認め、自衛戦争を容認するものだと理解している人もいます。九条支持者の中で、こうした異なる解釈が存在しているのは間違いなく、そのことは貴会も認識されているものと拝察します。

権力者が勝手な解釈で、条文を残したまま憲法九条を大きく歪めようとしている今、自衛戦争を認めるか認めないかは明確にしないのが「大人の知恵」だなどと言って曖昧にしたままやり過ごすのは、もうやめるべきだと私自身は考えています。

上記の質問について明快な回答をお願いします。

二〇一五年三月一九日(木)

伊藤真氏の著作『やっぱり九条が戦争を止めていた』の一節(p.35〜36)※をコピーして同封しました。私の質問の趣旨を理解する参考にしてください。
※「九条の最大の特徴は、「陸海空その他の戦力は、これを保持しない。国の交戦権は、これを認めない」とする二項です。自衛戦争を含めた一切の戦争を放棄しているからです。
戦力を持たないから、たとえ自衛のためであっても戦争は一切できません。また、戦力を持たないから、戦争する権限を国に認めていません。それが二項の定める「戦力の不保持」、「交戦権の否認」という内容であり、九条の本質は、平和三原則の第二、第三を定めたこの二項にあるのです。」

私は当たり前のことを訊ねているのだが、送付からすでに四カ月が経過した現時点(七月二〇日)で、回答もないし連絡もない。九条の会は、少数の人々の限られた趣味のサークル活動といったものではなく、日本はもとより世界中の人々に対して憲法九条の「すばらしさ」を説き、これをまもる運動をしている。にもかかわらず、会の活動の根幹にかかわる本質的な問いに答えず、答えない理由も伝えないという姿勢はどうだろうか。私は大いに失望している。なぜ彼らが「答えない」あるいは「答えられない」のか。そこにこそ、護憲派が肯定してきた「大人の知恵」の限界・欺瞞が潜んでいる。

「大人の知恵」とは

そうした限界・欺瞞を指摘をするのは私が初めてではないし、今に始まったことでもない。かなり前から、何人もの学者、言論人が、護憲の立場から護憲派の問題点を指摘している。ここでは、その発言を、断片的にではなく丁寧にいくつか紹介する。

まず大沼保昭（東京大学教授・当時）は、「護憲的改憲論」ジュリスト一二六〇号（二〇〇四年一月）の中でこう記している。

……九条と日米安保条約との間には、さまざまな齟齬、矛盾があった。砂川事件をめぐる東京地裁判決（伊達判決※）は、そうした矛盾を率直な形で提示したものだったが、日米安保体制という現実を尊重せざるを得ない（と自己の役割を理解していたであろう）最高裁は、そうした正直な法解釈をすることを避けて、法理論の操作によって現実から逃避した。そうした最高裁の現実逃避と自己欺瞞は、日本国民自身の現実逃避と自己欺瞞を法的に洗練された形で表現したものにほかならなかった。……

九条に関して政府は日本の軍事力、安全保障政策という実態からあまりに乖離した憲法の理念を「解釈」で取り繕う手法を重ねてきており、それはすでに憲法という国家の基本法の軽視とシニシズムを生み出す危険水域に入っている、というのが私の考えである。海外における武力行使という、九条にとって最も論議が対立し注目を集めている問題についてこの上「解釈」という手法で国家の根本方針を変えることは、国民の憲法への信頼と尊敬を回復できないまでに傷付け、二一世紀の日本を法一般、規範一般へのシニシズムやニヒリズムがはびこる社会へと決定的に押しやってしまうのではないか。筆者は何よりもそれを恐れる。

（一五二～一五七頁）

※**伊達判決**　一九五七年七月八日、米軍立川基地の拡張に反対する労働者・学生が設置された柵を押し倒して基地内に入る。警視庁は、日米安保条約に基づく刑事特別法違反の容疑で二三名を逮捕し、そのうち七名が起訴された。一九五九年三月三〇日、一審の東京地裁（伊達秋雄裁判長）は、日本の要請と基地の提供、費用の分担協力に基づく米軍の日本駐留は憲法九条が禁止する陸海空軍その他の戦力に該当するもので、憲法上その存在が許されないものとして、駐留米軍を特別に保護する刑事特別法は憲法違反であり、米軍基地に立入ったことは罪にならないとして被告全員に無罪判決を言い渡した。

この三年後の二〇〇七年五月三日、朝日新聞は「提言　日本の新戦略　社説21」と題する社説集を発表。ここで自分たちの「九条護憲」のスタンスを明らかにしつつ、自衛隊と日米安保についてこう綴っている。

過去の朝日新聞の世論調査からは、九条も自衛隊も安保も、ともに受け入れる穏やかな現実主義が浮かび上がる。国民の多くは「憲法か、自衛隊か」と対立的にはとらえていないようだ。国民の間に、基本的なところでのコンセンサスが生まれ、定着してきたと言えるだろう。……米国との同盟と自衛隊で日本を守る。九条との組み合わせこそが、政治の現実的な知恵である。……『安保ただ乗り』との批判を浴びたこともあったが、憲法九条と日米安保、自衛隊の組み合わせによる成功戦略だった。

九条と安保・自衛隊との関係についてのこうした考えが「大人の知恵」と呼ばれているのだが、この「社説21」への意見を求められた大沼は、同紙の記者を相手にこう語っている。

最近、護憲派が九条を論じるときに、いわゆる「大人の知恵」を前面に出していることに少し違和感を覚えています。今回の提言にもそれが感じられます。

憲法九条の規範と国際政治の現実が乖離していることはよくわかるが、九条の盾があったから米国の圧力をかわしてうまくやってきた。それでいいじゃないか、という主張です。「大人の知恵」は現実主義のひとつの形ですが、シニシズム（冷笑主義）に流れやすい。「建前と本音の使い分けは結構じゃないか」という日本社会に支配的な発想にすりよってしまう恐れがあります。

（朝日新聞二〇〇七年五月二〇日）

内田樹の主張

さて、この大沼の批判の対象となった「大人の知恵」とはどういうものなのかを、もう少し深く知っていただきたいので、内田樹(思想家)のこの件での言説を紹介する。彼は、共著書『九条どうでしょう』(毎日新聞社、二〇〇六年)の中で「憲法がこのままで何か問題でも?」と題してこう述べている。

憲法九条と自衛隊が矛盾した存在であるのは、「矛盾していること」こそがそもそものはじめから両者に託された政治的機能だからである。憲法九条と自衛隊は相互に排除し合っているのではなく、相補的に支え合っているのである。歴代の日本の統治者たちは、「憲法九条と自衛隊」この「双子的制度」を受け容れてきた。……

憲法九条のリアリティは自衛隊に支えられており、自衛隊の正統性は憲法九条の「封印」によって担保されている。憲法九条と自衛隊がリアルに拮抗している限り、日本は世界でも例外的に安全な国でいられると私は信じている。

おそらく、おおかたの日本国民は口には出さないけれど、私と同じように考えていると私は思う。だからこそ、これまで、人々は憲法九条の改訂を拒み、自衛隊の存在を受け容れてきたのである。

(二一頁)

戦後の日本人は憲法九条と自衛隊の「不整合」に苦しんできたという言葉づかいに私たちは今ま

で慣れ親しんでいる。この点については、護憲派改憲派を問わず論者たちはみごとに一致している。憲法九条の法理と自衛隊の現実のあいだには埋めがたい乖離があり、これを放置しておくことはできないという話型を彼らは共有している。

その「事実」認定後に「だから、九条を改定せよ」という言葉を続けるか、「自衛隊を縮小せよ」という言葉を続けるのかの違いはあるけれど、九条という法典と自衛隊という現実のあいだには「乖離がある」という理解を彼らは共有している。

だが、「憲法九条と自衛隊のあいだには何の矛盾もない」という前提から出発する議論はありえなかったのだろうか？　（三一頁）

日本人は憲法九条と自衛隊を同時に与えられたときに、その二つを統合する包括的な人格を形成するという「健常な」ソリューションを採らず、あえて人格解離という「病的」ソリューションを選んだ。　（三三頁）

憲法九条と自衛隊という「両立しがたいもの」を「両立させる」ために、戦後六十年間、日本人はあれこれの理屈を考え出してきた。この「あれこれ理屈を考えてきた」日本人の思いを私は可憐だと思う。戦後日本人（私たち自身も含めて）の可憐な努力を弊履のごとく捨て去ることに私は反対である。主観的意図においてはそれぞれ異なるけれど、それらは結果的に「病とともに生きる」た

めの工夫であったという点では変わらないと思うからである。（四一頁）

憲法九条と自衛隊の「内政的矛盾」は、日本がアメリカの「従属国」であるという事実のトラウマ的ストレスを最小化するために私たちが選んだ狂気のかたちである。そして、その解離症状から引き出しうる限りの疾病利得を私たちは確保してきた。それは世界史上でも例外的と言えるほどの平和と繁栄をわが国にもたらした。だから、私はこの病態を選んだ先人の賢明さを多としたいと思う。（五七頁）

加藤典洋の「自説転換」

こうした内田の主張に影響を受けた護憲派は多く、中には「自説」を転換した著名な言論人もいる。代表的なのが、文芸評論家の加藤典洋だ。彼は、一九九七年に著した『敗戦後論』（講談社）の中で、九条と実態との乖離、ねじれについても言及していた。

……わたし達はいまからでも遅くないから、やはり現行憲法を一度国民投票的手段で「選び直す」必要がある。日本国憲法には憲法改正のための条項があり（第九六条）、それは各議員の総議員の三分の二の賛成と国民投票による過半数の賛成という条件を明記している。

わたし達はその条項に訴えて、たとえば平和条項を手に取るのか、捨てるのか、選択すればよい。

その選択の結果、たとえ第九条の平和原則が日本国民により、捨てられたとしても、構わない。わたしは個人的には、この平和原則をわたし達にとり、貴重なものと考えるから、こういう事態は好ましくないが、しかし、憲法がタテマエ化し、わたし達の中で生きていない現状よりはましである。
（七三〜七四頁）

そんなふうに語っていた加藤は、内田の言説に触れるなどして考えをがらりと改めるのだが、それを『敗戦後論』から10年　戦後から遠く離れて——わたしの憲法『選び直し』の論」として発表する（論座一四五号（二〇〇七年六月））。

筆者は、10年前の著書では、憲法9条の理念を自分の価値観に照らし、よきものと考え、それが自己欺瞞なく生かされるよう、これを現在の自衛隊から「切り離す」道を探ろうとしたのだが、憲法9条は、「理念」だけで国民の間に生きている存在ではなかった。そうではなく、それは、憲法の理念と自衛隊の存在からなる「理念と現実」のシャム双生児として——つまり、「理念の生きざま」それ自体として——存在していた。

それがどのように、日本国民の間に、戦後生きてきたかを考えるなら、よくわかるはずだ。憲法9条の本質は、むしろ「恥の多い生涯」つまり「ねじれ」にある。しかしそれは理念ではなく、両者間の「ねじれ」「理念と現実の落差」そのものだった。われわれは憲法を自衛隊から「切り離す」のではなく、――切り離せばいまある意味での両者は、死んでしまう――この憲法と自衛隊のシャム双生児的ありようから、憲法9条の生命と意思を、受け取るべきだったのである。（三九頁）

このように、加藤は、内田樹の「大人の知恵」論を完全に肯定する立場をとるようになった。今日、護憲派とされている人の多数は、加藤のように意識的に、あるいは無意識のうちに内田が説くような「大人の知恵」を肯定している。もし、そういう人たちに対して大沼が言う「現実逃避と自己欺瞞だ」という批判を浴びせたとしたら、「私が？　自己欺瞞？　なんで？」という反応だろう。彼らにはそんな自覚などまるでないのだから。そこにまた大きな問題がある。

護憲派「三点セット」

「改憲派」「護憲派」という言葉がある。憲法を改めたい人たちと護りたい人たちのことを指しているのだが、わが国においては、長らく、憲法の中の［第九条　戦争の放棄］に対する姿勢、意見を表す言葉として使われてきた。

なかでも、「護憲派」とは、かつては以下の三点を主張している人たちのことを指し、社会党も、共産党も、その傘下にある組織もそう言い続けてきた。

①　軍事同盟である日米安保条約を廃棄する

② 戦力にほかならない自衛隊は解散あるいは改組・改編する
③ 侵略はもちろんだが、自衛のための戦争も認めない

ところが、そうした考えの人、組織は七〇年代以降徐々に減少し、一九九四年の自民・社会・さきがけ連立政権時に、党首である村山富市が首相になった際、国会での所信表明演説で「自衛隊合憲、日米安保堅持」と発言して、社会党のそれまでの公式見解を転換した（本書一三二頁参照）。

日本共産党や革新系の学者の中には、今でも引き続き「三点」の主張をしている人がいるが、日米安保、自衛隊の存在・活動、自衛戦争を容認する国民が八〜九割に達する今、それは明らかに少数派だ。また、共産党は、自衛隊を違憲としながら、事実上その存在を容認する立場をとっている。

「安保容認・自衛隊合憲」護憲（条文護持）派の台頭

このように「三点」を墨守する人は少なくなってきている。にもかかわらず、いわゆる護憲派に属する人々の数、パーセンテージは、六〇年代と比較しても落ちていない。護憲派は相変わらず改憲派より多いのだ。なぜなのか。それは、護憲派として分類される人たちの幅が広がっているから。この十数年、前述の「三点」を唱える旧来型の護憲派の人々が大きく数を減らす中、それとは異なる新しいタイプの護憲派が増えている。それは一言で言うなら、旧来型の「安保廃棄・自衛隊違憲」とは異なる「安保容認・自衛隊容認」の護憲派だ。

例えば、山口二郎（法政大学教授、政治学者）は、北海道大学教授時代にこう語っている。

現実に進行する安保・防衛政策に歯止めをかけるのは非常に困難ですが、この問題に関しては、「憲法第九条は一つではなかった」という言い方が可能ではないかと思っています。護憲派が「非武装中立」に象徴される純粋な九条を掲げる一方で、宮澤喜一・後藤田正晴のような自民党ハト派の「九条」もあったと。それは、「専守防衛の自衛隊はあっていい。それで対処できなかったら、日米安保で」というように自衛隊と安保を包摂した「九条」なのです。

（週刊金曜日二〇〇七年一〇月二六日号）

最近では、同じく護憲派の木村草太（首都大学東京准教授、憲法学者）も、以下のように述べ、九条下での自衛隊・日米安保は違憲ではなく、合憲だとしている。

日本の防衛という点では九条は何も拘束していません。自衛隊や日米安保も九条の下でそれと矛盾なく存在できるわけですから、それを改正する必要性はありません。

（沖縄タイムス二〇一五年五月二日）。

つまり、新しいタイプの護憲派とは、九条の価値を認めつつも、「日米安保・自衛隊を原則容認する」ものであり、これを違憲としてきた旧来型の護憲派の思考とは決定的に対立する。ただし、理屈の上では大きな齟齬があるにもかかわらず、現実の「護憲運動」においては、この四半世紀、新・旧護憲派の間に対立は見られない。それは、条文を護持するという一点で互いに双方への批判を控え、協調してきたからだ。この協調によるかたまりを、一般的には「護憲派」としているのだが、私は「条文護持派」と呼ぶのが正確だと考える。

憲法の規範性を茶番化

法哲学者の井上達夫（東京大学教授）は、改憲派の策動を批判しつつ、こうした新旧の護憲派の自己欺瞞を厳しく批判している。例えば、「挑発的！九条論――削除して自己欺瞞を乗り越えよ」（論座一二一号〔二〇〇五年六月〕）や最近刊行した『リベラルのことは嫌いでも、リベラリズムは嫌いにならないでください』（毎日新聞出版、二〇一五年）の中でも持論を展開しているのだが、ここでは、朝日新聞オピニオン面と『法の理論（33）』での彼の主張を紹介したい。

……「解釈改憲だ。許されない」とする護憲派の安倍政権批判にも、私は違和感を覚えます。……「自衛隊は九条二項が禁じる戦力ではない」という歴代自民党政権の詭弁を追認した内閣法制局の見解も、明白な解釈改憲です。しかし、護憲派の大勢はそれを黙認ないし是認している。集団的自衛権行使容認は政治的に筋が悪いですが、解釈改憲という点では同じです。自分たちに都合のいい解釈改憲ならＯＫというのは欺瞞です。……

護憲派は九条だけは守っていると良心を満足させ、既成事実の拡大を止められない責任を深刻に自覚せずに済ませてきた。その積み重ねが、集団的自衛権の行使容認という新しい局面に対して、大規模な対抗運動を組織できない現状を生んでいる。法制局がダメだから、今度は公明党頼みですかと。護憲派は憲法を「凍結」させて九条の条文を守ればいいという甘えから脱却し、九条の思想を現実の政策に反映させるべく、民主政治の格闘場に自らの足で立ち、不断に闘うべきです。

（「あえて、九条削減論」朝日新聞二〇一三年一〇月二六日）

井上は、九条下でも、専守防衛による自衛戦争は可能で違憲ではないという人々を「修正主義的護憲派」と呼び、九条は自衛戦争も放棄しているという人々を「原理主義的護憲派」と呼んでいる。そして立憲民主主義の観点から、両者の問題点についてこう指摘する（カッコ内は筆者による補足）。

（九条の本旨を遵守するなら）非暴力抵抗の思想が課す「殺しても殺し返さない」という峻厳な自己犠牲責任を負わざるをえないにも拘わらず、自衛隊と安保のおかげでそれを回避できているという便益を、護憲派はちゃっかり享受しているのである。このことを護憲派が自覚していないという事実は、彼らが「平和ボケ」を超えた峻厳な非暴力抵抗思想としての絶対平和主義に本当にコミットしているのかどうかを疑わせ、この点でも、その欺瞞性が問題になる。要するに、護憲派は、九条の条文だけは変えさせないという姿勢をとることに自己満足して、その思想を裏切る現実への便乗を合理化しているのである。

（改憲派の欺瞞は単に政治的欺瞞であるが、原理主義的護憲派の場合は）憲法を尊重している振りをしつつ、九条を裏切る自衛隊安保の現実にこっそり便乗、ないしはそれをはっきり是認さえする自らの政治的御都合主義を、憲法を利用して隠蔽しようとしている点で、政治的欺瞞に加えて憲法的欺瞞を犯している。その意味で、護憲派の欺瞞の方が、立憲主義の精神を腐食させる点で、一層危険である。……

〈中略〉

このような護憲派の、そして最近では改憲派も模倣しつつある憲法的欺瞞は、憲法論を「うそ臭い念仏」と化すことにより、憲法の規範的権威を失墜させ、戦後日本における立憲主義の確立を阻害する要因になってきたと私は考える。

（「九条問題再説」『法の理論（33）』（成文堂、二〇一五年）二四～二五頁）

私は、こうした井上の指摘、批判について賛同する。安保・自衛隊など時々に重ねられてきた解釈改憲を、改憲派のみならず護憲派と称する人たちまでもが、長らく「大人の知恵」だといって黙認してきたことが、現行九条下での集団的自衛権の行使容認という究極の解釈改憲を政府が断行する下地を作ったのだ。

護憲派の多くが「大人の知恵」だと言って、他者のみならず自身をも納得させてきたことこそが、自己欺瞞にほかならず、彼らがそのことを自覚、反省して姿勢を改めない限り、この国の立憲主義を立て直すことは絶対にできない。だが、指摘を受けて反省する気配など彼らにはなく、相変わらず自己欺瞞を拡大している。

例えば、愛敬浩二（名古屋大学教授、憲法学者）は、自著『改憲問題』（筑摩書房、二〇〇六年）の中で、前出の大沼や井上、そして私を名指しで批判しているのだが、その主張を読めば読むほど、この人物が憲法学者を名乗りながら、立憲主義の意味がまるでわかっていないか、（自身の党派的政治選好を重視するあまり）それを第一義的に考えることのできない学者だということがよくわかる。

憲法九六条の規定に則り国民投票で主権者の承認を得た九条の明文改憲は、賛否どちらが多数を制しようが立憲主義を侵すことにはならないが、国民投票での承認を得ずに断行する解釈改憲は立憲主義と国民主権を侵す。だから許してはいけないと、私たち三人や元内閣法制局長官の大森政輔、阪田雅裕らは主張するのだが、愛敬にとっては、そういった主張をする人間は、彼が言うところの「解釈改憲最悪論というインフルエンザに罹《かか》った」人間にしか映らないようだ。そんな彼が、「立憲デモクラシーの会」立ち上げの呼びかけ人をやっているのだから、始末に負えない。

護憲・改憲両派の「暗黙の合意」

大沼や井上が指摘する通り、解釈改憲は今に始まったことではない。程度の差こそあれ、これまで歴代政権は六〇年余にわたって解釈改憲を重ねてきた。国民の「了解」を背景に。それは、護憲・改憲両派にとって都合のいい「暗黙の合意」だった。つまり、改憲勢力にとっては、正規の手続きに則った明文改憲によって「軍隊保持、交戦権を認める」と条文を改めることはできなくとも、実質的にそれをなせる態勢をつくれたし、護憲勢力にとっては、「好戦的な財界・政治家に抗して九条をまもり、戦争を阻んでいる」と言い張れた。そして、この合意を大多数の主権者・国民も許容してきた。その理屈、心情は、さきほど紹介した内田樹による解説が的確だ。

このような「合意と許容」が、内田が言うように、「世界史上でも例外的と言えるほどの平和と繁栄をわが国にもたらした」という一面は確かにある。だがそれは、一方で九条の真髄たる「徹底した非戦」の理念を棄て、解釈改憲を黙認し、立憲主義を損なうものでもあった。その行き着いたところが、現行憲法下での集団的自衛権の行使容認であり、その先は、人間を殺傷することが肯定され評価される「戦争」に違いない。

「大人の知恵」では、もうもたない。「交戦（戦争）を認める」、「認めない」は、決して些末なことではなく本質的なことだ。この点で意見が一八〇度異なるにもかかわらず、「九条の条文護持」で一致して自民党・安倍政権に対抗するという「大人の知恵」は、結局問題の先送りに過ぎず、安倍政権が狙う「戦争できる国家への転換」の歯止めにはならない。戦争、軍隊、この国の行方について最終判断を下す権利をもつ国民が、主権者であることを自覚し、議論を重ね、「大人の知恵」ではなく「人間の知恵」を生かして、戦争をするかしないかの結論を出すしかない。そして、戦争をするのなら、どういった戦争の遂行をして、しないのなら他国の侵略にどう対処するのかを明確にすべきだ。

主権者として「軍隊を保持するのか否か」、「自衛なら戦争をするのか否か」については不問にして、

「条文をまもるか否か」のみが、護憲・改憲の仲間分けのポイントになっている。このように、条文を改めるか否かのみを問題にしてきたため、主権者が「軍隊」「戦争」についてどうするのかという本質的な国民的議論を行なってこなかった。そうして、「戦争放棄」なのに、何で戦闘機やミサイルや空母を持っているの？　という小・中学生が疑問に思うようなことにも、まともに答えようとはせず、護憲・改憲両派とも建前の攻防に終始してきたのがこの半世紀の実態だ。

自衛戦争を認めるか否かという、九条の根幹にかかわる問題を、護憲派の中では意識的に避けてきた。冒頭で紹介した、私の質問状に九条の会などが回答してこないのはその表れにほかならない。いくら「条文護持」を唱える人々のかたまりを壊したくないからといって、本質的な問題で、そうした曖昧な姿勢をとり続けることは、内輪では納得づくでも、世間一般の人にとっては合点がいかない。

自民党・安倍政権は、護憲派のその曖昧さを突く形で、「よそから攻めてきたら当然の権利として応戦します。集団的自衛権も行使します。そのための安保法制を」と言って国民に訴え、総選挙で過半数の議席を獲得し、世論調査でも五〇％近い内閣支持率を得ながら、究極の解釈改憲を断行したのだ。

護憲派として知られる作家の辺見庸は、法学セミナーでこんなふうに語っている。

……私は憲法改定に遠い昔から反対の立場をとってきましたし、今後も改定に抵抗するつもりでおります。しかし、私の周辺はほとんどが改憲反対論者ばかりということもあり、反対の論拠を他者から厳しく問われることも、自身で論拠をしっかりと点検することもなく、ここまできてしまったのです。答えは自明のこととして、際どい質問を、いってみれば、習慣的に封じ、改憲はけしからんと、これもほぼ習慣的に唱えてきたのでした。カイケンハンタイと叫べばいい、理由はいわずもがな――こういった怠慢が、この国のいわゆる護憲サークルにはあったように思われます。これではスパーリングをしないボクサーのようなものであり、勝負は眼に見えています。自明の足場が危ういいま、私は本稿を考え考え書き進めるなかで、改憲に独自に反対し、改憲に独自につよく抵抗する根拠を私なりに確かめていくつもりです。

（「私はなぜ憲法改定に抵抗するのか」法学セミナー四六巻一〇号〔二〇〇一年一〇月〕五八頁）

一四年も前に、自分たちの弱点をきちんと認識していた辺見庸。的確な警告を仲間に発したものの、それはほとんど無視され、生かされなかった。

現に今でも、九条の会、憲法行脚の会の呼びかけ人や護憲派議員の辻元清美、福島瑞穂らに、九条を「自衛戦争を認めるものとしてまもるのか、認めないものとしてまもるのか、明確にすべきだ」と迫ると、いずれの人からも「護憲派内の分断を生むことになるから、そんなことはしないし言わないでもらいたい」という言葉が返ってくる。まさに、辺見が言うところの「際どい質問を、いってみれば、習慣的に封じ」だ。

冒頭で、九条の会宛てに私が差し出した質問状を紹介したが、実は同じ趣旨の質問状を同じ日に「憲法九条にノーベル平和賞を」実行委員会にも差し出している。回答はないが、この会の石垣義昭・共同代表は、東京新聞紙上でこの件に関して、自衛戦争もしないというのが自分自身にとっての九条だが、実行委員の中には自衛戦争を容認する人もいるということを認めつつ、こう語っている。

自衛戦争の賛否を詰めるのは生産的ではない。……従来の革新勢力は、本質的とはいえない意見の違いにこだわりすぎて失敗してきた。私たちはこの轍を踏まない。

（東京新聞二〇一四年一〇月一六日）

生産的でなく本質的でもないという石垣のこうした考えは、護憲（条文護持）運動に携わっている人たちの共通認識だと思う。だが、私はまったく逆の認識をしている。つまり、自衛戦争を認めるか認めないかこそ九条問題の本質であり、そこを曖昧にしたままの運動に生産的な成果を期待することはできないと考える。それは、解釈改憲が進み立憲主義が侵されたこの四半世紀の事実が物語っている。

自衛戦争を認める者も、認めない者も、一緒に条文護持というかたまりを作って「護憲」を叫ぶことにこそ政治的にも倫理的にも運動論的にも意味があると考え、それを第一義に据える九条の会やノーベル平和賞の会のリーダーたち。彼らはみな純粋で邪心がないことはよく承知しているが、前出の愛敬同様、立憲主義、国民主権の本当の意味がわかっていないか、わかっているのに「運動の都合」に囚われて本質から目を逸らしてしまっているのではないだろうか。

九条賛成六五％の内実

護憲派の「大人の知恵」と称するこうした欺瞞は、誰かから強いられたのではなく、自らの意思でそうしてきたのだ。そのことを少し解説しよう。

報道機関などが実施している憲法九条に関する世論調査では、「わからない、決めかねる」と答えた人を除く回答者のうち、九条改正に反対の人と賛成の人との比率は、『朝日』『毎日』共に二対一で、反対派つまり条文護持派が多数を制している。なので、護憲派の人は、「九条をまもりたい」というのが国民の多数意思なのに、安倍政権は解釈改憲や明文改憲でその意思を否定しようとしていると言い張る。だが、その主張は正確ではない。この世論調査の数字で言えることは、「九条の条文を改める必要なし」という人が多数を占めたということでしかなく、戦力の保持と交戦（戦争）を禁じた「九条の本旨まもるべし」と考えている人が多数を占めているとは言えない。「九条改憲反対」を唱える条文護持派の中に、戦力の保持や自衛戦争の可否についてまったく異なる考えの人が共存しているのだ。

憲法九条に賛成か反対かの世論調査をするのなら、九条賛成と答えた人に対して、「九条は、自衛戦争を認め、そのための軍隊保持も認める」ものだと理解しての賛成なのか、「九条は、自衛戦争さえ認めず、そのための軍隊保持も認めない」ものだと理解しての賛成なのかを問うべきなのだが、報道機関は各社ともそんな調査は一度もしたことがない。

ただ、読売新聞は、この十数年『朝日』『毎日』とは異なる三択の質問をしており、「改正反対」の実体をある程度つかむことができる。質問と回答は左記のとおり（二〇一五年三月二三日紙面掲載）。

(質問)「戦争を放棄し、戦力をもたないとした憲法九条をめぐる問題について、政府はこれまで、その解釈や運用で対応してきました。あなたは、憲法九条について、今後、どうすればよいと思いますか。一つだけ選んで下さい」

Ⓐ「解釈や運用で対応するのは限界なので、九条を改正する」	35%
Ⓑ「これまで通り、解釈や運用で対応する」	40%
Ⓒ「九条を厳密に守り、解釈や運用では対応しない」	20%

この結果を、九条の「条文を改めるべきか否か」で分けると、改めるべきだと考える人が[35%](Ⓐ)で、その必要はないという人が[60%](Ⓑ+Ⓒ)。改正賛成派[35%]対反対派[60%]のこの数字は、『朝日』『毎日』が出している比率とほぼ同じになる。

この読売の調査を「条文を改めるべきか否か」で分けるのではなく、「明文改憲あるいは解釈改憲に賛成か反対か」で分ければこうなる。賛成[75%](Ⓐ+Ⓑ)、反対[20%](Ⓒ)。

これが、「九条の本旨」(九条の条文ではなく)に対する日本国民の意思なのだ。

読売新聞が設定した「これまで通り、解釈や運用で対応する」という選択肢は、つまり、正規の手続きを踏んだ明文改憲によらずとも、立憲主義を否定する解釈改憲によって対応(防衛・戦争)すればいいという考えだ。『読売』の調査に限らず、『朝日』『毎日』の調査に「改正反対」と回答した人の中にもこういう考えの人は当然いる。にもかかわらず、そういう人も「改正する必要はない＝護憲派」に分類されている。

このように、解釈改憲を容認して九条の本旨・精神を否定している人が「護憲派」に分類されるのはとてもおかしなことなのに、条文を改めるべきと考えるか否かだけで「護憲」「改憲」に振り分けるということを、何の疑問も抱かずにずっと続けているのだ。

護憲・改憲をめぐる分類表

次頁の表を見てほしい。六〇年代までは「護憲派」というのは［A］の人々を指したのに、その後、国民の大多数が自衛隊・日米安保は合憲だと考えるようになり、七〇年代からは［B］の人々も「護憲派」だとされるようになった。そして今では護憲派の大半は［A］ではなく［B］となっている。

そんなことはない。護憲派の中では［A］が多数のはず。［A］が少数だという根拠を示せ——と反発する方がいるかもしれないので、簡単に解説しておく。

総務省が三年ごとに調査している安保・防衛に関する世論調査で、自衛隊について「良い印象」「どちらかといえば良い印象」をもっているという人は、前回（二〇一二年）、今回（二〇一五年）とも九割に達している（七〇年代は六割〜七割だった）。このように、自衛隊の存在に否定的な考えを持っている人が今や全体の一割しかいないのだから、護憲（条文護持）派内で、［A］が［B］より多いということはありえない。

[護憲派]とされている人々 ([条文護持派]と呼ぶのが適切)		[改憲派]とされている人々	
[A] 非戦の本旨護持派	[B] 厭戦的解釈改憲容認派	[C] 好戦的解釈改憲容認派	[D] 好戦的明文改憲派
自衛隊・日米安保は違憲という認識。自衛戦争を含むあらゆる戦争を放棄し、戦力を保持しないという本旨をまもる。	自衛隊・日米安保は合憲という認識。集団的自衛権の行使には反対だが、専守防衛の自衛戦争、そのための戦力の保持も認める。だが、条文は改めなくていい。	自衛隊・日米安保は合憲という認識。集団的自衛権の行使に賛成し、それに伴う戦争を認め、そのための軍隊の保持も認める。だが条文は改めなくていい。	解釈改憲ではなく、条文を改めて集団的自衛権の行使を認めると同時に諸外国のような正規の軍隊を保持すべし。

[E] 侵略は厳禁だが自衛戦争は認める厭戦的明文改憲派
集団的自衛権の行使には反対だが、専守防衛に徹した自衛戦争は認める。そのための戦力(自衛隊)保持も認める。だが、現行の日米安保体制を改める立場をとり、外国の軍事基地設置は当該自治体の住民投票での承認を必要とする。この考えを反映する憲法改正案をつくり、条文を改めることによる解釈改憲の解消を目指す。

もう一つの根拠は、私もメンバーとなっている「国民投票・住民投票」情報室が二〇一〇年と二〇一五年に東京都、神奈川県、大阪府、兵庫県、滋賀県で実施した調査結果だ。これは、大学生を含む計二〇人の調査員が街頭において無作為に選んだ人々に協力をお願いし、対面で行なった調査で、「憲法九条を支持し改憲に反対」と答えた人（計三〇〇人）に対して、自衛隊を認め自衛戦争を認めるか否かを問うたものだ。その結果は、二〇一〇年、二〇一五年とも七割を超す人が「自衛戦争を認める」と答え、「たとえ自衛のためでも戦争はだめだ」と答えた人は二割弱。およそ一割の人が「難しい、悩ましい、わからない」などと答えた。

旧来の護憲派は、今年（二〇一五年）も五月三日の大集会で「九条まもれ！」の大合唱をしたが、問題は、その九条をまもると、「自衛のためでも戦争はしない」ことになるのか「自衛のためなら戦争はする」ことになるのかを、条文護持派の分断になるからと曖昧にしていることだ。私が九条の会宛てに差し出した質問状の肝もそこにあり、他のことはともかく、ここを明快に語れないのでは話にならないし、その事を明確にしない運動は欺瞞的ではないだろうか。

厭戦的明文改憲派が形成されつつある

憲法や立憲主義の危機について考える人の中で、そうした運動の「欺瞞性」に気付く人が、近年、徐々に増えている。そういう人は前頁の表で示した［A］や［B］の考えに与せず、基本的に［E］の立場をとる。これは、集団的自衛権の行使といった究極の解釈改憲に反対しつつ、同じく解釈改憲で存在している自衛隊を合憲化すべく、専守防衛のための「戦力の保持と交戦権」を憲法に明文化して認めるという立場。そして、沖縄での基地問題をはじめ、「共同防衛」の名のもとに、米国政府の言いなりとなっている現行の日米安保体制を改めるべしという立場だ。

小林節（慶應義塾大学名誉教授、憲法学者）、伊勢崎賢治（元国際連合職員、東京外国語大学教授）ら数多くの言論人が、すでに外に向けて、立憲主義を擁護するため、あるいは平和主義を擁護するための、護憲派からの積極的な「改憲提言」の必要性を説き始めている。

改憲とまでは言わないが、同じような問題意識をもち、積極的な提言を行なってきた学者も存在する。二二年前、古関彰一（憲法学者）、前田哲男（軍事評論家）、山口二郎、和田春樹（歴史学者）ら九人の学者は連名で、「共同提言『平和基本法』をつくろう——平和憲法の精神に沿って自衛隊問題を解決するために」として、「平和基本法」の制定を提唱した。

これ以上憲法と自衛隊・安保の間の矛盾、乖離をこのままにしておくわけにはいかない。これからの問題は、憲法の精神に即してゆがみを回復するのか、逆に自衛隊・安保に即して歪みを回復するのか、である。

（世界一九九三年四月号五三頁）

その一二年後、前掲の四人は再び連名で、「憲法九条維持のもとで、いかなる安全保障政策が可能か——『平和基本法』の再挑戦」として、「共同提言」を出す。

ここにおいて解釈改憲という手法すら、もはや限界に突き当たったことが明らかになった。九条との距離＝違憲性ははるかに大きく、これらの既成事実を法的に追認するためには、もはや「明文改憲」か、現憲法下での「集団的自衛権の容認」解釈しか残されていない。……

九三年、九四年の『平和基本法』提起は、……九条と現実に架橋を試みる政策提起だったが、現実政治は逆に、九条の規範を踏み破る日本の軍事化の進展と軍事的役割の拡大へと向かった。九条の理念と現実の距離は、かつて以上に大きくなった。……

九条を維持しつつ発展させていく安全保障の〝もう一つの選択肢〟は可能だと、私たちはいまでも考える。漠然とした脅威感を抱いている日本社会を説得する説得力ある対案が示されれば、改憲を食い止める世論への結集軸になり得ると確信している。

（世界二〇〇五年六月号九四〜九九頁）

この「『平和基本法』の再挑戦」という提言から一〇年が経過したが、彼らの再挑戦は、護憲派を含む国民の大きな支持を得られず実を結ばなかった。だからといって、彼らを責めたり批判する気は毛頭ない。九条の本旨と実態との乖離を解消しなければならないという、学者としての使命感に燃えた挑戦を称えたい。その上で、期待するのは、「条文護持」を大前提とした問題解決という「囚われ」から彼らが脱することだ。「はじめに九条ありき」「九条をいじることは罪」といった護憲派、平和派が抱く〝常識〟を棄てて考え直してほしい。

第3章　なぜ「大人の知恵」だったのか

連合国総司令部（GHQ）と極東委員会（FEC）

日本、ドイツ、イタリアなど、いわゆる枢軸国と戦った米国、イギリス、ソビエト連邦、中華民国などの連合国は、日本降伏による戦争終結後、日本の占領政策に深く関与することになる。その中で米国は、連合国側の中で着実に主導権を握り、事実上の「単独占領」を迅速に進めつつあった。こうした動きを阻むべく、ソ連は連合国総司令部（GHQ）をも配下に置く、日本の占領政策遂行の最高意思決定機関を設けることを画策した。

一九四五年一二月にモスクワで開催された米、英、ソの三国外相会議で日本占領に関する新たな合意が成立。連合国の機関として、ワシントンに極東委員会（FEC）を、また連合国最高司令官の助言機関として、東京に対日理事会（ACJ）を設置することになった。

こうして発足した極東委員会は、米国、イギリス、ソビエト連邦、中華民国、フランス、オランダ、カナダ、オーストラリア、ニュージーランド、インド、フィリピンの一一カ国で構成され（後にビルマ、パキスタンが加わる）、ダグラス・マッカーサーが率いるGHQが、日本政府に憲法改正を指示した直後の四六年二月にワシントンで一回目の会合を開催した。なお、この委員会での決定は多数決を原則としていたが、米、英、ソ、中の四カ国には拒否権があった。

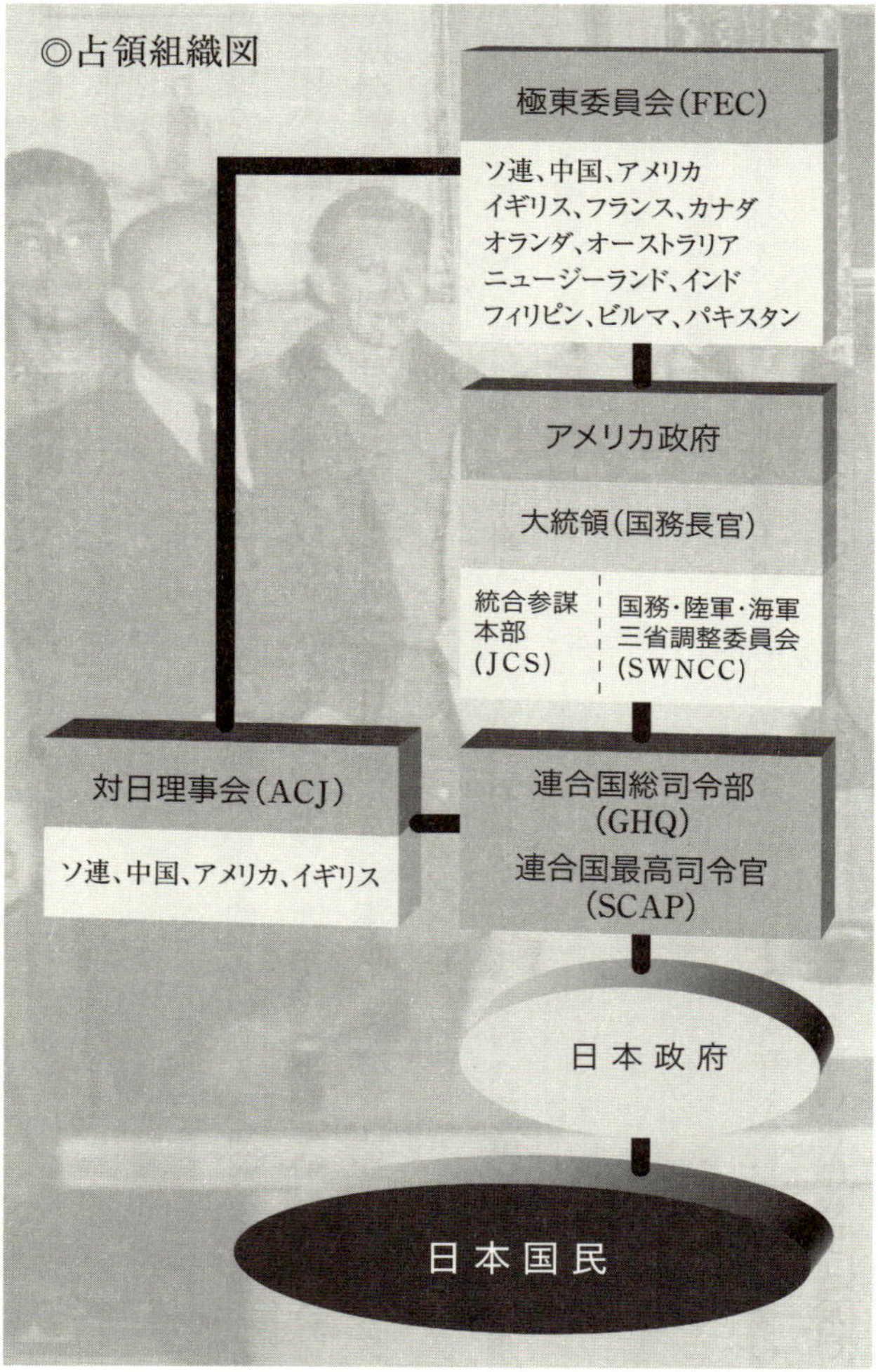
◎占領組織図
極東委員会(FEC)
ソ連、中国、アメリカ
イギリス、フランス、カナダ
オランダ、オーストラリア
ニュージーランド、インド
フィリピン、ビルマ、パキスタン
アメリカ政府
大統領(国務長官)
統合参謀本部(JCS)
国務・陸軍・海軍三省調整委員会(SWNCC)
対日理事会(ACJ)
ソ連、中国、アメリカ、イギリス
連合国総司令部(GHQ)
連合国最高司令官(SCAP)
日本政府
日本国民

極東委員会の組織は、事務局、運営委員会および以下の七つの作業部会によって構成された。①賠償、②経済・財政問題、③憲法・法改革、④民主的傾向の強化、⑤戦争犯罪人、⑥在日外国人、⑦日本の非武装化。

極東委員会の権限は強大で、日本の憲政機構や管理制度の根本的変更を規定するような指令については、GHQや米国政府が勝手に決めることはできず、極東委員会の協議後の合意に従って指令を作成し、それを連合国最高司令官（マッカーサー）に伝達する取り決めになっていた。

ただし、緊急を要する事項については、極東委員会の決定や指令を待つことなく米国政府が連合国最高司令官に中間的な指令を発することができ、委員会がそれを取り消す決定を行なわない限り米国政府の指令は有効となった。米国が新憲法（日本国憲法）策定においても主導権をとり続けることができたのは、この規定によるところが大きい。

〝GHQ対極東委員会〟、〝GHQ対日本政府〟。このせめぎ合いの中で新憲法が練り上げられ固まっていく。その過程はきわめて重要な歴史的テーマで、これについて記している著作は数多ある。だが、そうした著作物の中でもほとんど触れられていない、極東委員会とGHQの相克を具体的に示す「議事録」をこのあと紹介したい。

GHQ主導の憲法草案作り

一九四五年一二月二六日、極東委員会の設置に関するモスクワ外相会議での協定が成立する。この協定により、既存の極東諮問委員会は極東委員会に組織的に移行することになるが、翌年一月九日に彼らが日本を訪ねる時点では極東諮問委員会の名称で活動した。

三週間余りの日本滞在中、彼らは、食料問題や労働政策、非軍事化など、さまざまな問題について調査を進めるために、GHQ職員、政治家、知識人、経済人などと会って意見聴取を重ねるとともに、委員会としての会合を計二四回開いた。当然、日本の新憲法制定の動きについても強い関心を抱いており、一月一七日には、GHQ民政局のチャールズ・ケーディス大佐やコートニー・ホイットニー准将と会っている。その際、複数の委員が、「GHQは極東委員会の権限を侵す形で日本の憲法改正(新憲法制定)に関わろうとしているのではないか」とケーディスに問いただしたのだが、彼はそうした動きをきっぱりと否定した。

「あなた方は奇妙な噂を耳にしておられるようです。日本の憲法改正は貴委員会の権限の内にあり、私たちGHQの権限外のことです」

そして、二週間後の一月三〇日、訪日団は、マッカーサーとの会見に臨む。彼は、極東諮問委員会の面々に対して、日本占領政策について説明し、憲法改正にも言及した。

「日本の憲法改正については、当初は私にそれを管轄する権限が与えられていましたが、先月のモスクワ協定の成立によって、管轄外となりました。私やGHQには権限がないし、これに関与するつもりはなく、若干の示唆をなすにとどめ、いかなる命令、指令も発していません」

マッカーサーはこうした見解を示したが、その後の進展は「私の手を離れた」という言葉とはかけ離れたものになる。この会見の翌日（一月三一日）、極東諮問委員会の委員たちは日本を発ったのだが、翌二月一日付け毎日新聞が、旧態依然たる政府の「憲法改正要綱」（案）をスクープすると、マッカーサーは、GHQ民政局（ホイットニー局長）に対してすぐさま「憲法草案」の作成を指示する。こうして四六年二月以降、GHQ民政局がイニシアチブをとっての新憲法草案作成が急ピッチで進められた。

その際、マッカーサーは、憲法草案に盛り込むべき必須の要件として三項目を提示。いわゆる「マッカーサーノート」である。ここに記された三原則のうちの一つが、憲法九条の淵源となった戦争放棄に関する原則であった。この資料に見られるように、三原則においては、「自己の安全を保持するための手段としての戦争をも放棄する」ことが明記されていた。

「マッカーサーノート」

最高司令官から憲法改正の必須要件として示された三つの基本的な要点。

［1］
天皇は、国家の元首の地位にある。
皇位は、世襲される。
天皇の職務および権能は、憲法に基づき行使され、憲法に示された、国民の基本的な意思に応えるものとする。

［2］
国権の発動たる戦争は、廃止する。
日本は、紛争解決のための手段としての戦争、および自己の安全を保持するための手段としての戦争をも、放棄する。日本はその防衛と保護を、今や世界を動かしつつある崇高な理想に委ねる。
日本が陸海空軍を持つ権能は、将来にわたって与えられることはなく、交戦権が日本軍に与えられることもない。

［3］
日本の封建制度は、廃止される。
皇族を除き、貴族の権利は、現在生存する者一代以上に及ばない。
華族の地位は、今後どのような国民的または市民的な政治権力をも伴うものではない。
予算の型は、英国の制度に倣うこと。

ＧＨＱは、「帝国憲法改正案」（日本国憲法案）の草案作成に積極的に関与した。一九四六年一月二四日には、マッカーサーが幣原喜重郎首相と会談し、「天皇制存続と戦争放棄」などについて「意見交換」。さらに、二月一三日には憲法問題調査委員会（松本烝治委員長）が作成した「憲法改正要綱」（案）について、ＧＨＱがその受け取りを拒否すると同時に、「ＧＨＱ草案」を吉田茂外相、松本委員長らに手渡した。そして同月二一日にマッカーサーは再び幣原首相と会い、翌二二日、幣原内閣は、「ＧＨＱ草案」の受け入れを決定した。

　こうしたＧＨＱの矢継ぎ早の動きを、上位機関である極東委員会は制御できずに「置いてきぼり」。同委員会は活動開始直後の三月六日に日本政府が行なった「憲法改正草案要綱」の発表とそれに対するマッカーサーの支持声明が、同委員会の権限を侵しているとして批判を強めた。そして、憲法案が国会で可決される前にこれを審査する機会が自分たち極東委員会に与えられるべきであると主張。四月一〇日には、その問題に関する協議のためにＧＨＱ係官の派遣をマッカーサーに求めると決定したが、彼はこれを拒否した。

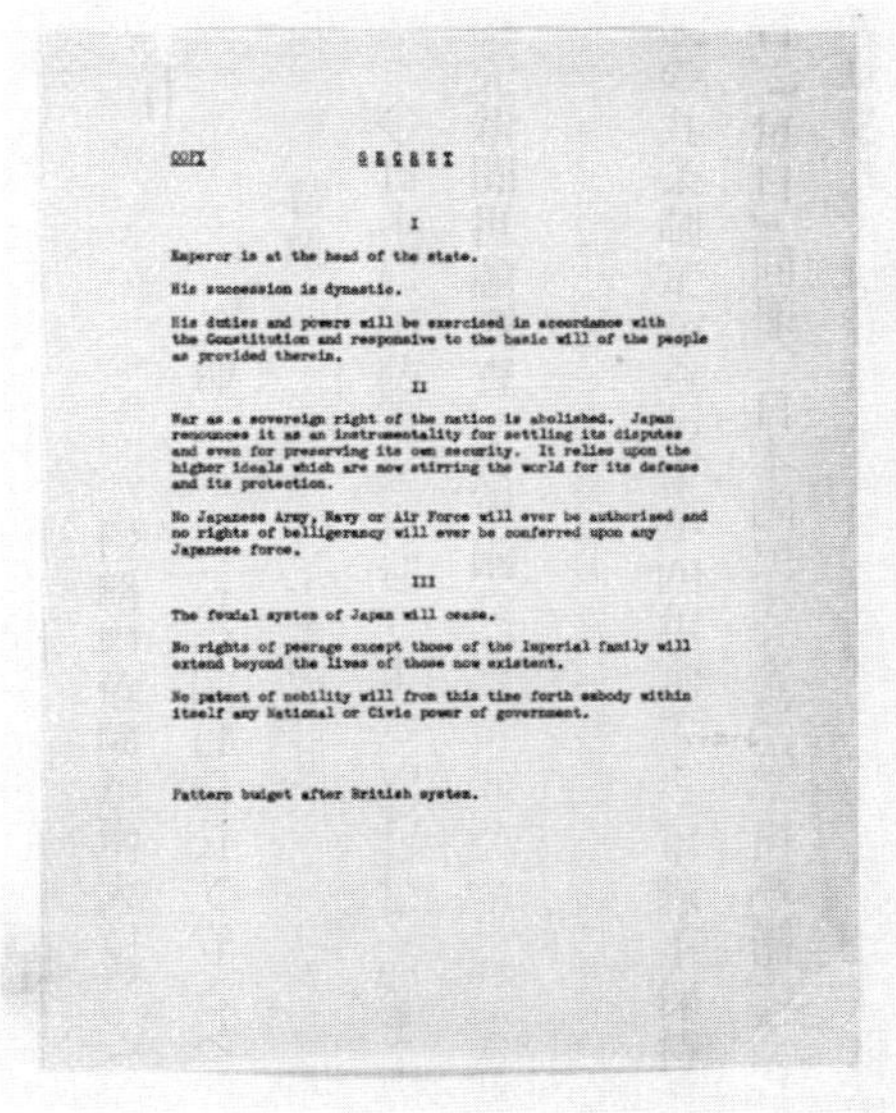

COPY SECRET

I

Emperor is at the head of the state.

His succession is dynastic.

His duties and powers will be exercised in accordance with the Constitution and responsive to the basic will of the people as provided therein.

II

War as a sovereign right of the nation is abolished. Japan renounces it as an instrumentality for settling its disputes and even for preserving its own security. It relies upon the higher ideals which are now stirring the world for its defense and its protection.

No Japanese Army, Navy or Air Force will ever be authorised and no rights of belligerency will ever be conferred upon any Japanese force.

III

The feudal system of Japan will cease.

No rights of peerage except those of the Imperial family will extend beyond the lives of those now existent.

No patent of nobility will from this time forth embody within itself any National or Civic power of government.

Pattern budget after British system.

マッカーサーノートの原本

　マッカーサーは極東委員会内のソ連や中国の意向を極力排したいと考えていたのだ。新憲法に関する彼のこうした強硬姿勢はそのあとも続き、極東委員会を無視する形で、「天皇制の温存」や「軍の解体・戦争放棄」といった中身がどんどん決まっていった。

そうしたことから、委員の中には米国政府やマッカーサーに対して反感や不信感を抱く者が生まれつつあった。では、極東委員会は遠く離れたワシントンに在って、日本の新憲法作成、および公布・施行にあたりどのような議論を行なっていたのだろうか。日本では、これまでずっと、憲法問題に対する極東委員会の姿勢・関与を軽視し、マッカーサーに対抗したその動きをほとんど伝えてこなかった。だが、共産圏の盟主ソ連や中国を含む一一カ国の委員で構成されるこの委員会が、何を考え、どう動いたかを知ることは、新憲法制定問題を考えるときに欠かせない要素だ。

委員会のメンバーの多くは、マッカーサーとは異なり、憲法の中身や制定について、主権者である日本国民がきちんと関与すべきだと本気で考え、日米両政府の思惑より日本国民の意思が優先されるべきだと考えていた。そうでなければ、戦争放棄の条項をはじめ、この憲法は自分たちの意思で制定したのではなく、押しつけられたものだと日本国民が考え、尊重しなくなると危惧した。

九条下での再軍備という解釈改憲を、多数の日本国民が了解した事実を考察するとき、極東委員会でのこうした意見、議論は的を射ていたといえるのではないか。

委員会の事務総長を務めたネルソン・T・ジョンソン(米国人外交官)が書き遺した議事録からいくつか取り出して紹介する。

極東委員会での憲法・法改革に関する議論

◎極東委員会　第三委員会／憲法・法改革の作業部会、委員長はインド代表のG・S・パジペイ卿

●一九四六年六月二〇日／第一六回極東委員会……………………

（日本国憲法公布の約四カ月前。この日、日本政府は、マッカーサーの指示に基づきまとめられた憲法改正案を帝国議会に提出）

エヴァット博士（オーストラリア代表）

日本国民は民主的手続きというものについて十分な経験を積んでおらず、この時点で日本が新憲法を採択するのは時期尚早だ。したがって、極東委員会としては、日本で施行される憲法が暫定的な憲法であるとみなし、将来のある時期に追認あるいは認可される対象であるとすべきだ。そして、国会の特別会か憲法制定会議が憲法を再審査して改正案を提示し、この憲法および改正案を暫定期間内に国民投票に付すべきだ。改正案の条項、および最終的国民投票は、ポツダム宣言の規定を有効に遂行することになるだろう。

カール・ベランセン卿（ニュージーランド代表）

新憲法の承認を延期すべしというエヴァット博士の意見を支持する。ただ、私は極東委員会とG

HQ最高司令官であるマッカーサーとの関係に強い懸念を持っている。というのも、本委員会のメンバーが日本を訪問して滞在し憲法問題が取り上げられた際、この問題は今後極東委員会で審議すると聞かされた。にもかかわらず、GHQ最高司令官が日本の新憲法草案に承認を与えたという声明を出したことを知り驚いている。GHQ最高司令官と極東委員会との関係を効果的に築き上げるべきだったが、どうやらそれは果たせなかったようだ。

●一九四六年六月二五日／第一九回運営委員会……………

カール・ベランセン卿(ニュージーランド代表)

「日本の国会の議題から憲法草案の考察を取り除くべし」とのソ連の提案には同意できないが、現在の日本の国会は、憲法についての最終的な決定を下す権利を持っていないというのが、ニュージーランド政府、および私自身の考えだ。よって、新憲法については、国民投票による最終的承認が不可欠だとするオーストラリアの提案を支持する。

プリムソル陸軍少佐(オーストラリア代表)

おおむねカール卿の意見に賛同するが、マッカーサーの「声明」が状況を大きく変えるとは思わない。施行される新憲法は、それがポツダム宣言の諸規定を反映したものになっているか否かを確認するまでは「試用期間」にすぎないとすべきだ。また、日本国民が国民投票によって新憲法を最終承認するまでは、極東委員会はいつでもこの憲法について意見を表明することができるものと考えている。

ブレイクスリー博士（米国代表）

各国代表は新憲法が拙速に審議され承認されるのではという懸念を抱いているが、GHQ最高司令官であるマッカーサーは十分な審議のための時間を保証するとしており、そうした懸念は無用だ。なお、このあと合衆国政府によって出される修正案の中には、新憲法が極東委員会と日本の国会によって再検討されるべきだという文言が含まれている。

●六月二七日／第一七回極東委員会……………

エヴァット博士（オーストラリア代表）

新憲法については、施行後一年以上二年以内に見直しを行なうということで文書が作られたが、この期間は短すぎる。それよりも、「二年以上」としたほうが実行可能だと考える。新憲法はその施行をもって最終承認されたことになるわけではない。いったん施行した上で、見直しを図るという方途は、旧憲法（大日本帝国憲法）での統治を続けて新憲法の施行を無期限に引き延ばすよりは良策だ。いずれにしても、新憲法を日本国民がすぐに承認するということは、非現実的であるような気がする。

カール・ベランセン卿（ニュージーランド代表）

現在の日本の国会が、主権者である日本国民の自由な意思を尊重しているかどうかについて検証されるべきで、ここが問題のポイントだ。ニュージーランド政府としては、国会が承認したからといってこの検証が十分になされたとは言えないと考えている。

ルードン博士（オランダ代表）

エヴァアット博士の意見に讃嘆したが、新憲法が暫定的なものでしかないという印象が色濃く出ることについて懸念を抱かざるを得ない。その場合、新憲法の施行日から国民投票に至るまでの間、反民主勢力の活動を助長することになりはしまいか。

エヴァアット博士（オーストラリア代表）

その疑念は完全に払拭できない。反民主勢力が

会議をする極東委員会（Activities of the FAR EASTERN COMMISSION, Report by the Secretary General, FEBRUARY 26, 1946 – JULY 10, 1947, United States Government Printing Office, Washington, D.C.: 1947）

台頭するかどうかは、日本国民が憲法の承認に関して直接に投票する機会が与えられるかどうか、国民投票を実施するまでの時間、修正の種類などにかかっている。

ルードン博士（オランダ代表）

占領軍が駐留し民主的手続きが保証されている間に、新憲法が国民投票に付されれば、これは承認されることになるだろう。それは、反民主的勢力に楔を打ち込むものとなるが、もし今、国民による承認を受けなかったら、そうした勢力の圧力に持ちこたえられなくなる。

エヴァット博士（オーストラリア代表）

新憲法が国民投票によって承認されるならば、将来我々がこれを見直す必要はない。だが、最高司令官（マッカーサー）は、今、国民投票を実施すべきだとは考えていないようだ。

●七月二日／第一八回極東委員会……………

プリムソル陸軍少佐（オーストラリア代表）

将来、この憲法が日本国民に押しつけられたものであるという感情を取り除くためにも国民投票を即刻行なうべしというのが、わが政府の見解だ。ただし、最高司令官（マッカーサー）は、国民投票による新憲法承認のための規定は必要ではないし望ましくないと考えているようだ。そうした規定を設けることは厄介なことになるであろうし、新憲法の承認が遅れるなど有益なことは何一つないというのが彼の意見だ。

ある程度、時間をおかないと新憲法のよいところや悪いところが見えてこない。マッカーサーは、すぐさま国民投票を実施するのには反対しているが、将来一定の時間をおいた後、これを行なうことについては反対しないだろう。マッコイ少将（米国代表）は、米国政府は必ずしも国民投票の実施に反対するわけではないが、これを今、厳格な法規定とするのは賢明でないと発言していた。このような状況にあってオーストラリア政府は、新憲法草案見直しの主要原則について合意するための妥協を拒みはしない。

●八月二八日以降の会合（日付不詳）……………

プリムソル陸軍少佐（オーストラリア代表）

オーストラリア政府が最も重要だと考えているのは、その憲法の長所、短所が明らかになる期間をおいた上で、それをはっきりさせて憲法を見直すことだ。現国会による見直し、新国会によって見直されることが必要である。なぜなら、この新憲法というのは必ずしも日本国民の自由意思を表したものだとは言えないからだ。

カール・ベランセン卿（ニュージーランド代表）

新憲法を制定後十分な時間を経てから見直すことに賛成。特に、さまざまな条項・規定がどのように機能するかが明らかになるまでは時間をおくというのが肝要だ。この見直しによって、日本国民はこの憲法をより尊重することになると考える。

国民投票といった日本国民自身による新憲法承認の明確な意思表示の場を踏まなければ、あとになってもっともらしい言い方で、「この憲法は押しつけられたものだ。したがって破棄されなければならない」と反動勢力から攻撃されることになるだろう。

●一〇月一七日（憲法公布の二週間前）／第三〇回極東委員会……………………

ノーマン・メイキン（オーストラリア代表）

極東委員会は新憲法公布と同時に見直し条項を発表すべきだと考えている。この発表を隠したり遅らせたりすると、日本国民の信用を失うことになる。国民が新憲法成立を祝う式典を準備しているこういった背景を考慮する必要があろう。だが、米国政府はこれに反対し発表を遅らせると主張している。

マッコイ少将（米国代表）

（憲法公布時に見直し条項を発表しない方がいいという）マッカーサーの考えはこうだ。憲法を施行しようとしているときに、不完全性を示唆し、批判するようなことを口にすべきではない。

この日、極東委員会は「日本の新憲法の再検討に関する規定」(本書七九頁)を全会一致で採択した。

●一九四六年一〇月三一日/第三一回極東委員会

プリムソル陸軍少佐(オーストラリア代表)

一一月三日に新憲法を公布すべきだ。これが最後の機会だ。これは単なる統治問題ではなく同盟国の信頼と心構えと関係の問題である。

見直し条項の発表の仕方がいくつかある。

一つ目の方法として考えられるのは、最高司令官が非公式に吉田茂首相に伝えるということ。しかしながら、この方法はさまざまな反対を呼び起こすだろう。なぜなら、政治的文書が効力を持つ二年の間に、政権が吉田茂とはまったく違う考え方の政治家に取って代わられる可能性がある。その場合、後任者は前任者がやったことについて、なんら拘束されないと主張することが考えられる。

二つ目の方法は、その見直し条項を二年以内に日本国民に知らせるということ。国会で新憲法を検討させる委員会を開かせ、その後、極東委員会がこれを検討する。ただし、この方法だと日本国が同盟諸国を背信行為だとして訴えることになるかもしれない。なぜなら日本国民がこの二年の間に、極東委員会による決定は法的拘束力を有していないと言い出しかねないからだ。日本の状況が今後どうなるのかについて、誰も予測ができない。日本国民に影響を及ぼす力は事実上低下してしまう。

新憲法施行の際、当委員会が見直し条項文に関する決議を採択したということを、日本国民に伝えるべきだ。この方法は一時的な弱点を持つかもしれないが、最も素直で正直な正攻法だと思う。この方法だと長期的に見てもさまざまな軋轢を防ぐことができる。

当委員会が新憲法公布と同時に見直し条項の発表を行なったとしても、マッカーサーなら、日本国民に不信を抱かせないようにできるはずだ。

日本国民と同盟諸国との間の信頼関係をより深めることの重要性を強調したい。見直し条項の発表に関して、マッカーサーがまだ正式な答えを出していないが、これはそれなりの理由があると思うので、そのことについて非難するつもりはない。

ジョージ・サンソン卿（イギリス代表）

いつ、どのようにして見直し条項を発表するのか。これは、私の個人的な意見だが、マッカーサーの意思を汲むことなく見直し条項の発表時期などを決めることは難しいと思う。いずれにしても、このことには極東委員会の能力・信頼・権威がかかっている。

G・S・パジペイ卿（インド代表）

最高司令官であるマッカーサーの考えを組み入れることの必要性はわかる。だが、この件は一人の人間によって決められるべきではない。憲法を見直すというのは、最も重要な事柄なのだから、日本国民に対していっせいに知らせるべきだ。

このように、ジョンソン事務総長が書き遺した議事録には、極東委員会を構成する各国の代表が、マッカーサーの独走に戸惑いながら、委員会の権限を何とか行使しようと努める様子が伝わってくる。とりわけ、多数の委員会メンバーが、「国民投票の実施」を重視し、提唱していたことに注目すべきだ。新憲法の規定では、憲法改正には国民投票による承認が必要（九六条）としているのだから、その規範からすれば新憲法を制定、施行する際にも、主権者の意思を確認するために、国民投票にかけるべきだというのは理にかなった主張である。

「象徴」として天皇制を存続すること、そして軍隊を保持せず徹底した戦争放棄を謳うことは、主権者となった日本国民の本当の意思の反映なのかどうか。それを施行前に確認すべきで、その方法としては国民投票を実施するのが最良である。そして、それが確認されれば憲法の再審査を自分たちが行なう必要はない――極東委員会の何人もの代表がそう考えていたのだ。

この当時、極東委員会の意見どおり新憲法施行の是非を国民投票にかけていたら、おそらく、投票者の賛成多数で新憲法は承認されていた。そうすれば、半世紀以上にわたり、保守陣営・改憲勢力が主張し続けている「押しつけ憲法論」は影を潜めていたし、一人ひとりの国民が制定に直接関わったとなると、今ほどあからさまな解釈改憲もできなかっただろう。だが、結局、国民投票は実施されなかった。それはなぜなのか。

米国が主導権を握っての占領管理に、天皇という存在を利用しようと考えていたマッカーサーにとって、絶対主義的天皇制の下で厳しい弾圧を受けてきた共産党をはじめとする左翼陣営から、天皇制批判のキャンペーンが起こることは極力避けたかった。また、軍隊・戦力の保持を認めず、自衛のためであっても交戦権を認めないという徹底した戦争放棄の条項（九条）についても、日本人がこぞって賛成票を投ずるとは限らず、国民投票によって「反対」の意思が示されることは、それがたとえ全体の二、三割といった数であったとしても、新憲法の権威・絶対性を貶めることになりかねない。加えて、マッカーサーとしてはソ連の政治的干渉が本格化する前に憲法を成立させたいという思いが強く、迅速に事を運ぶためにも国民投票の実施は避けたかったのだろう。

このような流れで、「日本国憲法案」がまとまっていく中、その憲法案を承認する国会議員を選ぶ、わが国初の男女平等普通選挙による衆議院総選挙の準備が進められていた。

米国占領下での国家再生

「天皇ヲ以テ現御神トシ且日本国民ヲ以テ他ノ民族ニ優越セル民族ニシテ、延テ世界ヲ支配スベキ運命ヲ有ストノ架空ナル観念ニ基クモノニモ非ズ」

第22回衆議院総選挙（1946年４月10日）結果

政党名	得票数	得票率	議席数
日本自由党	13,505,746	24.36	141（4）
日本進歩党	10,350,530	18.67	94（6）
日本社会党	9,924,930	17.90	93（8）
日本協同党	1,799,764	3.25	14（0）
日本共産党	2,135,757	3.85	5（1）
諸派	6,488,032	11.70	38（11）
無所属	11,244,120	20.28	81（9）
合計	55,448,879	100.00	466（39）

著名な政治家が名を連ねる第22回総選挙の当選者

	名前	所属政党	得票数
東京都第一区（定員一〇・立候補一二〇）	鳩山一郎	日本自由党（再）	106,872
	山口シヅエ	日本社会党（新）	85,149
	野坂参三	日本共産党（新）	80,897
	浅沼稲次郎	日本社会党（元）	68,637
大阪府第一区（定員七・立候補八一）	西尾末廣	日本社会党（再）	70,449
	細川八十八	日本進歩党（新）	70,042
	大矢省三	日本社会党（新）	45,324
	志賀義雄	日本共産党（新）	42,121

世に言う昭和天皇（裕仁）の「人間宣言」だ。この一文は、敗戦の翌年にあたる一九四六年元日に発表された詔書の中に書き込まれていた。このなかで裕仁は、天皇を現御神《あきつみかみ》とするのは「架空の観念」であると述べ、その神性を否定した。そして、この発表の三日後にはＧＨＱが、軍国主義者の公職追放（第一次）を指令した。

このような敗戦に伴う政治の転換が進む中、六〇〇万人もの失業者が生まれ、食糧難による餓死者が続出するなど、国民の暮らしは厳しさを増していた。だが、戦争の恐怖、軍国主義の圧制から解き放たれた日本人は次第に明るさを取り戻していく。四月には宝塚歌劇が再開されて『カルメン』を公演。プロ野球も復活し、西宮、後楽園の両球場で公式戦が開幕した。人々は窮乏に耐えながら、米軍占領下において国家再生の途に足を踏み出したのだ。

同じ四月、男女平等普通選挙としては初の第二二回総選挙が行なわれ、この選挙で三九人の女性代議士が誕生。非合法組織として国家権力に弾圧されていた共産党も前年一〇月のＧＨＱによる「自由の指令」により合法化され、府中刑務所から出所した徳田球一や志賀義雄、中国から帰った野坂参三ら五人が衆議院議員に当選した。そして、五月には第一次吉田茂内閣が誕生する。

九条の本旨

この総選挙から二カ月余。六月二五日に「憲法国会」が召集され、帝国憲法改正案、つまり日本国憲法案が帝国議会の衆議院に上程された。会議において戦争放棄、天皇の地位等について活発な議論が展開されたが、法案に盛り込まれた「軍隊不保持・戦争放棄」、「象徴としての天皇制を存続させる」という中身は、周知の通りマッカーサーの強い指示に基づくものだった。
六月二五日から始まったいわゆる「憲法国会」に政府が提出した帝国憲法改正案（日本国憲法案）の「戦争放棄」の条項は、次のような文言になっていた。

国の主権の発動たる戦争と、武力による威嚇又は武力の行使は、他国との間の紛争の解決の手段としては、永久にこれを放棄する。
陸海空軍その他の戦力は、これを保持してはならない。国の交戦権は、これを認めない。

六月二八日まで四日間にわたり合計一一人による本会議質疑が行なわれた。初日、登壇した吉田茂首相は、その条項について次のような趣旨説明を行なった。

本改正案の基調とする所は、國民の總意が至高のものであるとの原理に依つて諸般の國家機構を定め、基本的人權を尊重して國民の自由の福祉を永久に保障し、以て民主主義政治の基礎を確立すると共に、全世界に率先して戰爭を抛棄し、自由と平和を希求する世界人類の理想を國家の憲法條章に顯現するにある……

〈中略〉

次に、改正案は特に一章を設け、戰爭拋棄を規定致して居ります、即ち國の主權の發動たる戰爭と武力に依る威嚇又は武力の行使は、他國との間の紛爭解決の手段としては永久に之を拋棄するものとし、進んで陸海空軍其の他の戰力の保持及び國の交戰權をも之を認めざることに致して居るのであります、是は改正案に於ける大なる眼目をなすものであります、斯かる思ひ切つた條項は、凡そ從來の各國憲法中稀に類例を見るものでございます、斯くして日本國は永久の平和を念願して、其の將來の安全と生存を擧げて平和を愛する世界諸國民の公正と信義に委ねんとするものでありますゝ、此の高き理想を以て、平和愛好國の先頭に立ち、正義の大道を踏み進んで行かうと云ふ固き決意を此の國の根本法に明示せんとするものであります

翌二六日、進歩党の原夫次郎《ふじろう》議員は、その「戰爭拋棄」条項に関して以下のような質問を行なった。

……恐るべきは、我が國を不意に、或は計畫的に侵略せんとするもの達、或は占領せんとするものが出て來た場合に、我國の自衞權と云うものまでも拋棄しなければならぬのか、此の自衞權を確立すると云ふことの爲には、此の附き物は當然其の用意をして置かなければならぬ、是は即ち陸、海、空軍とか、或は其の他の武力の準備であります、此の準備なくしては自衞權を全うすることは出來ないと云う所が、非常なる『ヂレンマ』に掛つて居る問題であります……若しさう云ふ不意な襲來とか、侵略とか云ふやうなことが勃發致した場合に於て、我が國は一體如何に處置すべきか

吉田茂はこう答える。

……戦争抛棄に關する本案の規定は、直接には自衞權を否定はして居りませぬが、第九條第二項に於て一切の軍備と國の交戰權を認めない結果、自衞權の發動としての戰爭も、又交戰權も抛棄したものであります、從來近年の戰爭は多く自衞權の名に於て戰われたのであります、滿洲事變然り、大東亜戰爭亦然りであります。今日我が國に對する疑惑は、日本は好戰國である、何時再軍備をなして復讐戰をして世界の平和を脅かさないとも分らないと云ふことが、日本に對する大なる疑惑であり、又誤解であります、先づ此の誤解を正すことが今日我々としてなすべき第一のことであると思ふのであります、……我が國に於ては如何なる名義を以てしても交戰權は先づ第一自ら進んで抛棄する、抛棄することに依つて全世界の平和の確立の基礎を成す、全世界の平和愛好國の先頭に立つて、世界の平和確立に貢獻する決意を先づ此の憲法に於て表明したいと思ふのであります(拍手)

戦争の多くは、それが侵略的なものであっても「自衛」の名目で行なわれる。だから、自衛権の発動としての戦争も放棄するのだ。吉田がこのように述べた二日後、共産党の野坂参三議員がこの点に異議を唱えた。

此所には戰爭一般の抛棄と云ふことが書かれてありますが、戰爭には我々の考へでは二つの種類の戰爭がある、二つの性質の戰爭がある、一つは正しくない不正の戰爭である、是は日本の帝國主義者が滿洲事變以後起したあの戰爭、他國征服、侵略の戰爭である、是は正しくない、同時に侵略された國が自國を護る爲めの戰爭は、我々は正しい戰爭と言つて差支へないと思ふ、此の意味に於て過去の戰爭に於て中國或は英米其の他の聯合國、是は防衛的な戰爭である、是は正しい戰爭と云つて差支へないと思ふ、一體此の憲法草案に戰爭一般抛棄と云ふ形でなしに、我々は之を侵略戰爭の抛棄、斯うするのがもつと的確ではないか、此の問題に付て我々共産黨は斯う云ふ風に主張して居る、日本國は總ての平和愛好諸國と緊密に協力し、民主主義的國際平和機構に參加し、如何なる侵略戰爭をも支持せず、又之に參加しない、私は斯う云ふ風な條項がもつと的確ではないかと思ふ

野坂の主張は、侵略から自国を護るための戦争（自衛戦争）は放棄すべきではなく、新憲法の中で放棄を謳うのは侵略戦争に限るべきというものであった。吉田茂はこう答えている。

……戰爭抛棄に關する憲法草案の條項に於きまして、國家正當防衛權に依る戰爭は正當なりとせらるるやうであるが、私は斯くの如きことを認むることが有害であると思ふのであります（拍手）近年の戰爭は多くは國家防衛權の名に於て行はれたることは顯著なる事實であります、故に正

當防衛權を認むることが偶偶戰爭を誘發する所以であると思ふのであります、又交戰權抛棄に關する草案の條項の期する所は、國際平和團體の樹立にあるのであります、國際平和團體の樹立に依つて、凡ゆる侵略を目的とする戰爭を防止しようとするのであります、併しながら正當防衛に依る戰爭が若しありとするならば、其の前提に於て侵略を目的とする戰爭を目的とした國があること を前提としなければならぬのであります、故に正當防衛、國家の防衛權に依る戰爭を認むると云ふことは、偶々戰爭を誘發する有害な考へであるのみならず、若し平和團體が、國際團體が樹立された場合に於きましては、正當防衛權を認むると云ふことそれ自身が有害であると思ふのであります、御意見の如きは有害無益の議論と私は考へます(拍手)

① 戦争というのは「自国を防衛するため」という名目で仕掛けられることが多々ある。
② 正当防衛権を認めれば、戦争を誘発する。
③ 国際平和団体の樹立によってあらゆる侵略戦争を防止すべし。
④ 一切の軍備と国の交戦権を認めない(九条二項)。したがって、自衛権の発動としての戦争も交戦権も放棄する。

このように、吉田茂は国会の場において、新憲法案に盛り込まれた「九条の本旨」を明快に説いた。こうした九条を吉田が合理的なものだと考え、固持しようと考えていたかどうかはわからない。彼はとにかく、マッカーサーの指示に従ったのだ。

だが、吉田は自身が国会で述べたこの九条の本旨に関する見解をわずか数年のうちに棄て、自らそれを形骸化する扉を押し開く。それもまた、マッカーサーの意図、指示に従ってのことだった。そのことは、あとの第4章『「解釈改憲」の始まり』で詳細に触れる。

芦田修正案とは

一九四六年六月に政府が帝国議会の衆議院へ提出した「帝国憲法改正案」(新憲法案)の文言は前述の通りだが、そのひと月後に、衆議院の「帝国憲法改正案委員小委員会」(芦田均委員長)は、提出されたこの改正案を以下のように修正した。

「日本国民は、正義と秩序を基調とする国際平和を誠実に希求し」という文言と「**前項の目的を達するため**」という文言を加える。

さらに、「他国との間の紛争の解決の手段としては」を、「国際紛争を解決する手段としては」に改めた。


日本国民は、正義と秩序を基調とする国際平和を誠実に希求し、国権の発動たる戦争と、武力による威嚇又は武力の行使は、国際紛争を解決する手段としては、永久にこれを放棄する。
2　前項の目的を達するため、陸海空軍その他の戦力は、これを保持しない。国の交戦権は、これを認めない。

解釈改憲派の多くの人が、この修正により、「憲法九条は、『前項の目的』つまり『国際紛争を解決する手段（＝侵略戦争）』としての交戦を禁じ、それを行なうための軍隊を保持することも禁じているが、自衛のための戦争は禁じてはいない」という憲法解釈が成り立つと主張している。この修正は、芦田均委員長の名をとって「芦田修正」と呼ばれているが、彼一人で考え、勝手にこの修正案を通したのではなく、これは、「帝国憲法改正案委員小委員会」において、一四人の委員により活発に議論された末に通したものだ。

「**陸海空軍その他の戦力は、これを保持しない。国の交戦権は、これを認めない**」と明記してあるのに、「**前項の目的を達するため**」という語句を挿入したからといって、自衛のための戦力の保持とその行使による交戦が認められたことになるという主張を、日本語の常識的な理解からして私は是としない。

極東委員会の発足により、ＧＨＱは日本の新憲法策定に関して独断的に事を進めるのが難しくなったと思われたが、マッカーサーは極東委員会の動きを見越し、事前に有効な手を打っていた。

新憲法草案の作成作業を担っていたＧＨＱ民政局は、発足しようとしている極東委員会が日本の憲法問題に強い関心を抱いていることを知り、憲法策定に際して及んでくるであろうこの委員会の影響力をかわそうとした。それには、極東委員会が実際に動き出す前に新憲法の草案を作っておくのが肝要。民政局のホイットニー局長やケーディス局次長は、ＧＨＱ最高司令官マッカーサーが絶対的な権限を手にしているうちに憲法改正作業をできるだけ進めておこうと考えた。

ＧＨＱ民政局の動きは早く、彼らの強い「指導」によって四六年一〇月には議会において日本国憲法が成立し、天皇が憲法改正を裁可した。九条については、芦田修正がそのまま採用された。

新憲法の再検討指示とマッカーサー、吉田のサボタージュ

この強引とも言えるＧＨＱの動きに対して、組織的にＧＨＱの上位にある極東委員会は、憲法公布（一一月三日）直前の一〇月一七日、憲法に日本国民の意思が十分に反映される時間的余裕がなかったなどとして、この憲法を再検討させることを決定した（以下、外務省特別資料部編『日本占領及び管理重要文書集（２）』（東洋経済新報社、一九四九年）九二頁より抄訳）。

日本の新憲法の再検討に関する規定（一〇・一七政策決定）

一　新憲法は、公布の後一定の期間を経て極東委員会が検討し政策決定を行うが、その結果、為された改変あるいは為されるかもしれない改変とあわせて、現行憲法（大日本帝国憲法）に代わる法的な継承者となる新憲法は、以下の項目に関しては国会および極東委員会の再検討を受けるものとする。

二　新憲法施行後、日本国民が新憲法の運用経験に基づきこれを再検討する機会を持つため、また新憲法がポツダム宣言およびその他の関連文書の条項を満たすものであることを極東委員会が確

認するために、新憲法は施行から一年以上二年以内に国会によって再検討されなければならないということを極東委員会は決定する。国会による再検討により極東委員会の権限が損なわれることはなく、極東委員会自体も同期間内に新憲法を再検討するものとする。

新しい日本の憲法が日本国民の自由な意思を反映するものであるかどうかについては、憲法についての日本国民の考えを確認するため、本委員会は、国民投票またはこれに代わる適切な手続をとることを要求できる。


このとおり、極東委員会はきわめて具体的に「再検討」を指示している。ところが、マッカーサーはなかなか吉田首相に伝えない。サボタージュとも言える遅滞。

こうしたマッカーサーの態度に業を煮やした極東委員会は、一二月一二日、前述の「一〇・一七政策決定」を日本政府に伝えることを決めた。この文書の中身がマッカーサーより吉田茂首相に伝えられたのは、決定から二カ月半が経過した四七年の正月で、すでに新憲法は公布されていた。さすがのマッカーサーもGHQの上位にある極東委員会の決定を飲まざるを得ず、渋々吉田首相に伝えたというのが真相であろう。そして、この「政策決定」が広く国民に知らされるまでにはなお時間を要し、結局、憲法施行直前の四七年三月にずれ込んだ。すべてはマッカーサーと吉田茂の政治的処理によるものだった。

この頃、マッカーサーが吉田首相に宛てた手紙とその返答を紹介しておこう（袖井林二郎編訳『吉田茂＝マッカーサー往復書簡集［1945－1951］』（法政大学出版局、二〇〇〇年）一六七～一六八頁）。

一九四七年一月三日

日本国総理大臣　吉田　茂　殿

親愛なる総理

昨年一年間の日本における政治的発展を考慮に入れ、新憲法の現実の運用から得た経験に照らして、日本人民がそれに再検討を加え、審査し、必要と考えるならば改正する、全面的にしてかつ永続的な自由を保障するために、施行後の初年度と第二年度の間で、憲法は日本の人民ならびに国会の正式な審査に再度付されるべきであることを、連合国は決定した。もし日本人民がその時点で憲法改正を必要と考えるならば、彼らはこの点に関する自らの意見を直接に確認するため、国民投票もしくはなんらかの適切な手段をさらに必要とするであろう。換言すれば、将来における日本人民の自由の擁護者として、連合国は憲法が日本人民の自由にして熟慮された意思の表明であることに将来疑念が持たれてはならないと考えている。

憲法に対する審査の権利はもちろん本来的に与えられているものであるが、私はやはり貴下がそのことを熟知されるよう、連合国のとった立場をお知らせするものである。

新年への心からの祈りをこめて

敬具

ダグラス・マッカーサー

一九四七年一月六日
連合国総司令官　ダグラス・マッカーサー元帥閣下
親愛なる閣下
一月三日付の書簡たしかに拝受致し、内容を仔細に心に留めました。

敬具
吉田　茂

「解釈改憲」の進行を危惧した護憲派の憲法改正案

極東委員会が日本政府に指示した新憲法再検討の期間は、一九四八年五月から一九四九年四月までの一年間。これを受けて、政府・与党は形ばかりの反応を示したが、本格的に改正案の検討・策定を行なう気はなかった。具体的に言えば、「天皇制の存廃」を国民投票にかけたり「九条」をいじったりする意思がなかったということだ。そして、それはこれがすばらしい憲法だと受け止めていた大半の国民やマスコミもまたそうであった。ただし、一部で「再検討」の動きがあった。

九条改正を主張する人々は、「戦争放棄」を廃して軍隊を保持し交戦権を認めるとする者ばかり。今ではそれが当たり前の認識になっているが、かつて、九条の本旨が骨抜きにされること防ぎ「戦争放棄」「軍隊不保持」を徹底させるために「九条を改正すべし」と主張した人々が存在した。丸山眞男、辻清明、佐藤功、有倉遼吉らを中心とした政治学者・憲法学者の研究グループがそれで、彼らは「公法研究会」と名乗り、新憲法成立の二年後に憲法の第一章から第三章までの「改正案」を作り、極東委員会が指定した「憲法再検討」の期限が迫る一九四九年四月に、「憲法改正意見」と名付けて発表した。

［**憲法改正意見**］

現行憲法が文字通りの意味でinterim constitution（暫定憲法）であるかどうかは問題であるが、少なくとも施行二年目までに、日本人民の手で再検討が加えらるべきものであることは、公布当時、極東委員会の見解として新聞紙上に伝えられたところである。ところが遺憾ながら、今までのところでは日本人民の間から改正意見が活発に表明されているとはいえない状態である。

われわれ公法研究会の会員は、昨年春以来、憲法の研究に従事して来たが、その際一番問題になったのは、現在広く行われている解釈の中に、ポツダム宣言の精神に違反すると思われるもの、従って現在の日本の政治的構造の基本規定と認め難いものが少なからず存在するということであった。

われわれの研究の成果は何れ機をみて発表したいと考えるが、とりあえず、その一端として、われわれの問題にしたところを憲法改正意見として公にし、一方では右のように解釈上異論の起る余地をなからしめると共に、この二年間の日本人民の政治的成長に鑑みて、憲法を少しでもポツダム宣言の今日における意義に適するように改めたいと考えた。

これが改正意見の極めて簡単な要旨を、しかも憲法第三章までの部分だけを、取急いでここに発表する理由である。これによって憲法を、自分自身の問題として絶えず真剣に考えてゆくというわれわれ日本人民の権利が、正しく行使されることになるであろう。各方面からの忌憚のない批判を期待したい。

昭和二四年三月二〇日

〈中略〉

［第二章　戦争の放棄］

［第九条］第一項の「国際紛争を解決する手段としては」を削り、且つ個人の参加を禁止する規定を新に挿入する。

第二項の「前項の目的を達するため」を「如何なる目的のためにも」と改める。

〈中略〉

［理由］本条の第一項は、侵略的な戦争その他武力の行使文は威嚇が永久に放棄されることの宣言であり、第二項は、進んで更に一切の軍備と一切の戦争を行う権利を否認する規定である。そこで規定の本来の精神からいえば、あらゆる戦争（自衛戦争や制裁戦争を含む）を放棄した徹底的平和主義の宣言の規定であるにも拘らず、本条の字句は、それに若干の制限があるように誤解されるおそれがあるので、それらの点をすべて改めようというのである。

即ち第一項では、放棄される戦争が侵略戦争に限定されているから、これを第二項と同じく一切の戦争を放棄するように改め、同時に、日本国民が個人としても、あらゆる戦争に参加することを禁止して、軍国主義を真に日本国民の心裡から清算することを明示する。第二項の冒頭の一句も、解釈上何らか限定のある規定のように曲解されるおそれがあるから、名儀や形式の如何を問わず、一切の軍備を保持しないことを明記しておき度い。

（法律時報二一巻四号（一九四九年四月）五六〜六一頁）

公法研究会の九条改正案を条文にして表すと次のようになる。

日本国民は、正義と秩序を基調とする国際平和を誠実に希求し、国権の発動たる戦争と、武力による威嚇又は武力の行使は、【国際紛争を解決する手段としては、↑削除】永久にこれを放棄する。〔加えて、日本国民が個人としても、あらゆる戦争に参加することを禁止する規定を盛り込む〕

二、【前項の目的を達するため、＝削除】〔如何なる目的のためにも↑挿入〕陸海空軍その他の戦力は、これを保持しない。国の交戦権は、これを認めない。

日本国民は、正義と秩序を基調とする国際平和を誠実に希求し、国権の発動たる戦争と、武力による威嚇又は武力の行使は、永久にこれを放棄する。日本国民は、個人としても、あらゆる戦争に参加することを禁止する。

二　如何なる目的のためにも、陸海空軍その他の戦力は、保持しない。国の交戦権は、これを認めない。

九条の本旨を曲解したり曖昧にすることを未然に防ぐための九条改正案。実に的確な見通しだったと言える。公法研究会が改正すべきとしたこれらの点こそ、いわゆる「芦田修正」に関わる箇所で、以降延々と繰り返される原理主義派と解釈改憲派との「九条論争」の争点となる文言にほかならなかった。

一方、吉田茂を首班とする政府や国会は、極東委員会の「憲法再検討」の勧めに対してきわめて冷ややかであった。例えば、公法研究会が「憲法改正意見」を発表した後（四九年四月二〇日）に開かれた衆議院外務委員会で自由党の佐々木盛雄の問いに対して吉田首相はこう発言している（国会議事録より）。

佐々木　……本日の新聞電報によりますると、極東委員会が、来る五月三日をもって日本の憲法改正が必要であるかどうかを、委員会及び日本国民が決定する最後の期間であるということを伝え、なお憲法改正の問題は日本人自身が考うべき問題であるというようなことを伝えておるわけであります。……五月三日というものはすでに迫って来ておるわけでありますが、憲法改正に対して政府はいかようなるお考えをお持ちになっておるか、また従来いかなる点が憲法改正の点として問題にされたかというようなことにつきまして、御説明を承りたいのであります。

吉田　極東委員会の決議は、直接には私は存じません。承知しておりませんが、政府においては、憲法改正の意思は目下のところ持っておりません。それから芦田内閣において憲法改正の議があったとすれば、これも私は伺っておりません。

また、衆議院議長の幣原喜重郎、内閣官房長官の増田甲子七はこう語った（毎日新聞一九四九年四月二〇日）。

幣原　憲法改正については自分は何も知らない、いまその必要があるともないともいえない。

増田　現在政府としては何らその意思もなく必要があるとも考えていない、極東委員会の決定については別に知るところがない。

結局、国会では改正の発議どころか具体的な改正案についての審議もなされなかった。ついには、「憲法再検討」の指示を出した極東委員会でさえ、四月二八日に「憲法を改正する理由はなく、新たな指令を発することはしない」という姿勢に転換した。

こうして新憲法は四六年の公布、四七年の施行から一言一句変えられることなく二年目の春を迎えた。だが、憲法九条は時を経ず、丸山眞男らが危惧した、九条下でも軍隊保持・交戦が可能という「解釈改憲」の荒波に捜《さら》われていく。

第4章「解釈改憲」の始まり

日本の軍国主義を一掃すべく「九条制定」を推し進めたマッカーサーであったが、彼は当時、大きな不安を抱いていた。それは、中国がソ連同様「共産主義化」したことにより、米ソが分断統治している朝鮮半島で戦争が始まるのではないか。そして、中ソの侵攻によりアジア全土が共産化してしまわないかというものだ。その恐れが、吉田茂首相に対する「警察予備隊創設」の命令となり、日本は再軍備へ舵を切ったのだが、それは「マッカーサーノート」の中で示した、自衛のためであっても戦争は禁ずるという九条の本旨に反するものだった。

まさに苦渋の選択。自らの指示で憲法に明記させた「戦争放棄」「軍隊不保持」を、四年と経たないうちに削らせるわけにはいかない。かといって、中ソの脅威は日ごと大きくなる一方。マッカーサーがとった道は、現行憲法九条を一言一句改めないままの「再軍備」だった。その布石として、彼は朝鮮戦争が勃発する（一九五〇年六月二五日）半年前の元日、日本国民に向けたメッセージの中でその「方針転換」を言葉にする（朝日新聞一九五〇年一月一日。一部抜粋して掲載）。

マ元帥・年頭の辭

憲法の線で進め　自衛権を否定せず

……戰争放棄を宣言した日本の憲法は高い道徳的理想にもとづいたものであり、かつ実行可能なものである、しかし相手方側から仕かけてきた攻撃に対する自己防衛の権利を否定したものではない旨を強調した、憲法の戰争放棄に関する條項、第九條の規定は果していわゆる自衛権までも放棄したものかどうかは第六國会でも論議の焦点となつたもので、今度のマ元帥の見解は非常に重視されるものがある

［総司令部発表全文］

……新しい年を迎えるにあたつて、現在あらゆる日本人がひとしく不安にかられている二つの重要な未解決の問題がある。その一つは中国が共産主義の支配下にはいつたため全世界的なイデオロギーの闘争が日本に身近かなものとなつたことでありもう一つは対日講和会議の開催が手続にかんする各国の意見の対立から遅れていることである。……

……これらの問題が解決されるまでの日本の進むべき道はすでにはつきり定つている、日本はただ憲法に明示された途を迷わず、揺るがず、ひたすら前進すればよい、……現在一部の皮肉屋たちは日本が憲法によつて戦争と武力による安全保障の考え方を放棄したことを単なる夢想にすぎないとあざけつているが、諸君はこうした連中の言葉をあまり気にかけてはいけない、この憲法の規定は日本人がみずから考え出したものであり、もつとも高い道義的理想にもとづいているばかりでなく、これほど根本的に健全で実行可能な憲法の規定はいまだかつてどこの国にもなかつた

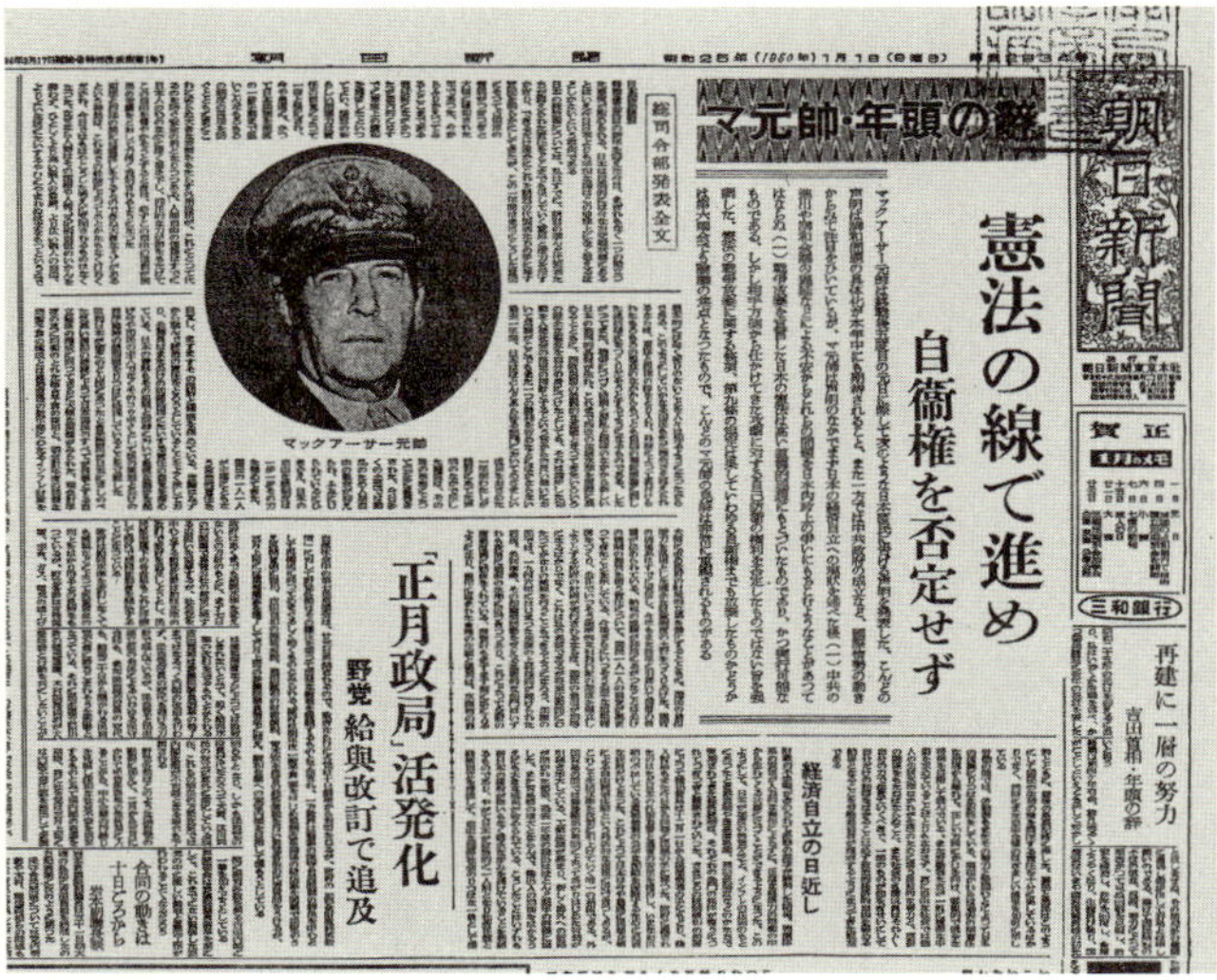
朝日新聞
昭和25年（1950年）1月1日
マ元帥・年頭の辞
憲法の線で進め
自衛権を否定せず
総司令部発表全文
マックアーサー元帥
経済自立の日近し
「正月政局」活発化
野党 給与改訂で追及
再建に一層の努力
吉田首相・年頭の辞
賀正
三和銀行

のである、この憲法の規定はたとえどのような理屈はならべようとも、相手側から仕掛けてきた攻撃にたいする自己防衛の冒しがたい権利を全然否定したものとは絶対に解釈できない、それはまさに、銃剣のために身をほろぼした国民が、銃剣によらぬ国際道義と国際正義の終局の勝利を固く信じていることを力強く示したものにほかならない、しかしながら略奪をこととする国際的な盗賊団が今日のように強欲と暴力で、人間の自由を破壊しようと地上をはいかいしているかぎり、諸君のかかげるこの高い理想も全世界から受け入れられるまでにはなおかなりの時間がかかるものと考えなければならない、しかしすべてものごとにははじめがなければならぬのは自明の理であり、この歴史的決定においては諸君こそその光栄をになうものである、したがってまたこの理念の健全さを実証し、あらゆる力と手段とをあげて平和的進歩にささげることによって、測りしれぬ利益がもたらされることを、人類の前に実証する機会はまつたく諸君のものである、そのうちには他の諸国も諸君と力を合わせてこの理想の実現に努めるようになるだろう、それまでは諸君はどんなことがあつても途中でたじろぐようなことがあつてはならない、諸君とこの高い理想をともにする米国民やその他の人々を信頼せよ、とりわけ諸君みずからを深く信頼せよ

「この憲法の規定はたとえどのような理屈はならべようとも、相手側から仕掛けてきた攻撃にたいする自己防衛の冒しがたい権利を全然否定したものとは絶対に解釈できない」

マッカーサーは、自衛戦争なら現行九条下でも可能だということを、長文のメッセージの中に潜り込ませた。

この声明の二カ月後、彼は吉田首相に対して「服役中の戦争犯罪人を釈放してもよい」という指令を発している。ソ連や中国の脅威がそうさせたのだが、こうした軍国主義者や国家主義者の「追放解除」と並行してマッカーサーが実行したのがレッドパージだった。彼は、日本共産党の幹部やシンパの公職追放を命じ、官公庁や企業での「赤狩り」を進めた。さらに、党機関紙『アカハタ』を発刊停止とした後、最高検を使って徳田球一、野坂参三、伊藤律ら九人の党幹部への逮捕状を出した。

こうした流れの中で、マッカーサーが危惧した通り、朝鮮半島は不穏な動きとなり、六月二五日には朝鮮戦争が勃発する。

朝鮮戦争が解釈改憲に舵を切らせ、「警察予備隊」を誕生させる

第二次世界大戦の終結からわずか五年。米ソ冷戦の進展、毛沢東率いる共産党の中国支配の達成、南北朝鮮の対峙。こういった国際情勢の変化に対応すべく、GHQはこの頃、日本の占領方針を大きく転換する。日本を自陣の反共防衛体制に組み入れ、軍事的な協力を得ることを目論んだのだ。そのためには、完全な非武装中立を謳う憲法九条に反して、日本を再軍備に向かわせなければならない。米国政府は日本政府に九条の骨抜きを迫り、いわゆる「解釈改憲」が始まるのだが、その動きを決定づけたのが朝鮮戦争だった。

米・英・ソなど連合国は、一九四三年一一月のカイロ宣言において、日本の統治下に置かれていた朝鮮を、戦争終結後は自由な独立国家とすると発表し、一九四五年二月のヤルタ会談では、米・英・ソに中国を加えた四カ国により朝鮮を信託統治することで合意した。その半年後に、日本は降伏。これによって朝鮮は日本の植民地支配から解放されたのだが、すでに満州国に侵攻していたソ連軍は、日本の降伏直前に、まだ日本領だった朝鮮半島北部の清津に進駐していた。

米国のハリー・S・トルーマン大統領は、共産主義国家であるソ連に朝鮮半島全体を掌握されることを阻むべく、ソ連の最高指導者ヨシフ・スターリンに対して「北部はソ連、南部は米国」というように、朝鮮半島を分割して占領することを提案。ソ連側がこの提案を受け入れたことにより、朝鮮半島は北緯三八度線を境にソ連、米国に分割占領されることになった。

ソ連はその後、八月下旬に平壌に進駐して、親ソ派を抱え込みながら間接的に朝鮮統治を開始した。

朝日新聞 昭和25年（1950年）6月26日（月曜日） 第23109号

北鮮、韓國に宣戰布告

京城に危機迫る

38度線総攻撃 侵入軍、臨津江突破

東海岸からも上陸

臨津江西方全域失う

開城・甕津陥落

動乱の現地の様相 國際電話に聞く

戰車十台を撃破 韓國側は必勝を信ず

きょう 吉田

朝日新聞1950年６月26日

対する米軍は、九月上旬に朝鮮半島西側の東シナ海に面した軍港・仁川に上陸し、直接的な統治を行なった。このような米ソのにらみ合いが続く中、一九四八年八月に李承晩ら親米派の政治家によって大韓民国（韓国）が建国され、翌月にはソ連の支援を受けた金日成将軍らにより朝鮮民主主義人民共和国（北朝鮮）が建国される。

一方、隣の中国では、蒋介石らとの内戦に勝利した毛沢東率いる中国共産党が人と国土を掌握する中華人民共和国が誕生（一九四九年）。米国にとって朝鮮半島の「共産主義化」の脅威はいっそう高まり、朝鮮は、日本の占領・支配から解き放たれたとたんに、中・ソと米国の思惑がぶつかりあう苛烈な渦の中に巻き込まれていった。

こうした状況下で先に仕掛けたのは北朝鮮だった。朝鮮半島の支配をめぐり、中ソの許諾を得た北朝鮮が、三八度線を越えて韓国側に侵攻した

（一九五〇年六月二五日）。

マッカーサーは韓国軍に対して米軍兵士の派兵を約束した後、本国の陸軍参謀総長に、日本国内に駐屯する米軍の四個師団のうち、二個師団を朝鮮半島に投入するように進言。本国政府からの回答、トルーマン大統領の承認を得ぬまま、B29やB50といった大型爆撃機を日本の基地から発進させ、北朝鮮に占領された金浦空港などを空襲した。

数日後、トルーマン大統領は、マッカーサーに対して派兵を許可したが、それは一個師団のみ。当時、トルーマンの関心は、アジアではなく、ソ連との冷戦の最前線となったヨーロッパへ向いており、朝鮮に本格的な軍事介入を行なう意思はなかった。

一進一退の攻防

緒戦は、ソ連製の最新戦車などを備えた金日成率いる北朝鮮軍が優位に立ち、わずか三日でソウルを陥落させるなどしたが、九月一五日に、マッカーサーが千機の航空機、数百隻の艦隊を動員して仁川に上陸すると、形勢は一気に逆転する。その後も、米軍を主体とした五〇万規模の連合国軍（イギリス、フランス、オランダなど二二カ国の兵士で構成）による韓国軍への加勢は続き、北朝鮮軍は退却を余儀なくされる。そして、連合国軍が三八度線以北に侵攻した。

こうした展開の中で、北朝鮮を支援していた中・ソ両国はどう動いたのか。スターリン率いるソ連は、米国を刺激して事を構えたくないという思いから、朝鮮への軍事的支援は表立った形では行なわず、建国したばかりの中華人民共和国に肩代わりを求めた。しかしながら、長年にわたる抗日戦争、国共内戦により中国の人々は疲れ果て困窮しており、党幹部の中には経済的な立て直しを優先すべきだと考えて派兵に強く反対する者もいた。だが、毛沢東主席はそうした反対論を押さえて、朝鮮戦争への参戦を決める。

一九五〇年一〇月半ば、中朝国境付近に集結した中国人民解放軍は、密かにに鴨緑江を渡って北朝鮮に侵入。一〇月下旬から攻撃を開始した。そして、一一月に入ると大攻勢を仕掛けて戦果をあげ、北進してきた連合国軍や韓国軍を南に押し戻した。

近代的な兵器を備える連合国軍に対して、抗日戦争で培ったゲリラ攻撃を駆使しながら、兵士の数で対抗した中国軍。彼らとの戦闘による連合国軍のダメージは大きく、米軍兵士を中心に三〇万人以上が戦死したとみられる。ただし、中国軍が一方的に勝っていたということではなく、彼らの戦死者はそれ以上だった可能性が高い。

このような一進一退の壮絶な攻防を三年にわたり繰り広げ、夥しい死傷者を出した結果、南北朝鮮、米中双方とも戦争終結を志向し、一九五三年七月に休戦協定を結んだ。こうして、北緯三八度線付近の休戦時の前線が軍事境界線とされ、朝鮮半島は北部の朝鮮民主主義人民共和国と南部の大韓民国に分断されたまま今日に至っている。

当時の人口が三五〇〇万人という朝鮮半島にあって、この戦闘による南北朝鮮人の犠牲者は、餓死した民間人も入れると三〇〇万人を超し、戦争による混乱の中で北と南に離れ離れになった離散家族も数百万人に達するという。

朝鮮戦争に関する紹介をやや長くした。それは、この戦争が日本の運命を大きく変えたからだ。よく言われるのは、この戦争の「特需」によって日本の景気が上向き、戦後の絶望的経済状態から脱することができたという話。戦争での殺害により、隣国で夥しい人の生命が失われたというのに、中には「儲かってよかった。またドンパチやってほしい」という日本人が少なからずいた。経済の好転を促したことは事実だが、最も重要な影響は景気回復ではなくマッカーサーと日本政府が、この朝鮮戦争を機に「九条の骨抜きによる再軍備」に舵を切ったことなのだ。

朝鮮戦争勃発当時、日本には米軍の四個師団が配置されていた。第七歩兵師団は東北及び北海道、第一騎兵師団は関東、第二五歩兵師団は関西にあり、第二四歩兵師団は九州全土に散在していた。これらの部隊はすべて、軍隊を全廃して「丸腰」になった日本防衛のために展開されていたのであり、朝鮮半島や中国大陸に赴いて戦うことは意図されていなかった。

朝鮮戦争勃発後、まず九州の第二四師団が朝鮮に投入され、その空白を埋めるように関西の第二五師団が九州に移動。しかし、ほどなく、その第二五師団と関東にいた第一騎兵師団が朝鮮に渡る。こうして戦争勃発から三週間後、日本国内に残されていた米軍は第七師団とわずかな陸軍管理部隊、空軍部隊のみとなり、その第七師団も出動態勢をとるよう指令を受けていた。

九条維持のままの「再軍備」指令とコワルスキーの証言

当時、マッカーサーから日本の再軍備を担うよう命じられたフランク・コワルスキーは、自身の著書『日本再軍備——米軍事顧問幕僚長の記録』(サイマル出版会、一九六九年)の中でこう語っている(太字は筆者)。

この危機に臨み、アメリカは共産軍の侵略を阻止するに必要な兵力はもはや日本には存在しないと認識した。更にいろいろ検討を加えた結果、本国からの増援は少なくともここ数カ月は期待できないことが分かった。われわれには原子爆弾はあったが、地上予備軍はなかったのである。

第七師団が朝鮮に出動すれば、海外からの攻撃に対しては言うに及ばず、国内からの反乱からも日本政府やわれわれの基地を守ってくれる地上部隊はいなくなってしまう。九〇〇〇万の日本はその時までには完全に武装解除を終わっていた。……日本は完全な無防備状態にあった。……この歴史上の危機に臨み、アメリカはその必要な処置をとりえた唯一の人物を日本に置いていた。なぜならば、当時の米国軍隊の中で、マッカーサー元帥を除いて誰があれだけの自信と自惚と真の勇気をもって、**日本の再軍備を命じる**ことができたであろうか。

彼はポツダムにおける国際協定に反し、極東委員会よりの訓令を冒し、日本国憲法に謳わせた崇高な精神を反故にし、本国政府よりほとんど助力を得ずして**日本再軍備に踏み切った**のである。

(一二頁)

日本の降伏直後、日本政府や議会に対して「軍隊不保持」と「徹底した戦争放棄」を憲法に盛り込むよう強く指示したマッカーサー。彼はあのとき、日本国と日本人が「九条」に刻まれた非戦の理念、人類の理想を追求することを心底肯定していたのか。それとも、激戦の末、打ち負かしたかつての敵国が、報復できないよう、二度と他国への侵略ができないようにと考え、軍備を禁じ、自衛であっても戦争を認めないとしたのか。心の内はわからない。

だが、朝鮮戦争の勃発により、彼自身がその「指示」を否定せざるを得なくなった。つまり、情勢次第では、ソ連が北から侵入してきたり、日本人による暴動・反乱がおきる可能性もあると考えた彼は、米軍不在の日本を防衛し治安を維持するために、日本が自前の軍隊を備えるしかないという結論を出したのだ。

コワルスキーは、朝鮮戦争勃発直後に警察予備隊が創設されたことについて、こう述懐している。

日本国憲法は、いかなる種類の軍隊も保持することを禁じている。日本は戦争および戦力を永久に放棄した。したがってわれわれは、最初のうちは日本の幹部たちに、**警察予備隊が将来日本の陸軍になるものであることを言ってはならなかった**。

日本国憲法によって陸軍を創設することを禁ぜられているマッカーサー元帥は、国際的権限を口実にして**日本再軍備を開始した**。連合国はポツダム宣言で、日本が法と秩序を保持するため最大限二〇万人の警察力を持つことを許している。これはあくまでも警察官であって、決して陸海空軍

の軍人であってはならないのである。　（二八頁）

日本の軍国主義者を一掃し、日本が再び軍隊を持つことを永久に禁止する憲法を制定した本人のマッカーサー元帥が、このようなやり方で日本再軍備を命令するようになったことは皮肉であった。……

警察予備隊に関するマッカーサー元帥の構想は、将来四個師団の陸軍に増強できる**疑似軍隊**をつくることであった。しかしこれは秘密裡に実行する必要があるので、最初のうちは連合国の協定も犯さず、日本国憲法にも違犯しないように予備隊を運営することが肝要であった。　（三〇頁）

警察予備隊は、創設期より法律的にははなはだ疑わしく、曖昧模糊として、いかにもすっきりしない立場におかれているのである。したがって予備隊編成の初期の段階では、予備隊と折衝する米軍顧問は、平気で二枚舌を使い分けねばならなかったし、予備隊の指導者でも事情を知っている少数のものを除いては、話の辻つまが合わず途方に暮れていたようである。　（三一頁）

一九五〇年八月一〇日にいたり、ついに吉田内閣は政令第二六〇号「警察予備隊令」を公布した。**この政令は言い抜けとごまかしの逸品ともいうべき文書であった。その第一条（目的）を読んで、これが日本再軍備の事始めだと気づいた人はいなかったであろう。……憲**

法を真向から侵して行なわれた日本の再軍備は、法について扱いにくい問題を残し、根本的な疑いを起こさせたようである。（三五頁）

警察予備隊令（政令第二六〇号）

（目的）

第一条　この政令は、わが国の平和と秩序を維持し、公共の福祉を保障するのに必要な限度内で、国家地方警察及び自治体警察の警察力を補うため警察予備隊を設け、その組織等に関し規定することを目的とする。

在日米軍事顧問団幕僚長にして日本再軍備の担当者が、ここまで明け透けに「ごまかし」について語っている。だが、現実的にはこうしたやり口による再軍備が、欺瞞を拡大しながら六五年にわたって続いているのだ。

マッカーサーの変節

朝鮮戦争が、「戦争放棄・軍隊不保持」という憲法九条の本旨を歪める解釈改憲をもたらすことになるのだが、一九五〇年元日の年頭声明では、「日本はただ憲法に明示された途を迷わず、揺るがず、ひたすら前進すればよい」とか「諸君はどんなことがあっても途中でたじろぐようなことがあってはならない、諸君とこの高い理想をともにする米国民やその他の人々を信頼せよ、とりわけ諸君みずからを深く信頼せよ」とか、戦争放棄の九条をもったことは間違っていないと強調している。ところが、翌五一年の年頭声明では、朝鮮戦争勃発を受けて、自衛戦争を明確に認め再軍備を指示する内容に様変わりする。

この警察予備隊が二年後には保安隊となり、さらにその二年後には自衛隊となる。

一九五〇年は、憲法九条を保持したままでの日本の再軍備、解釈改憲の始まりの年となったのだが、翌五一年一月一日付けの各紙一面に掲載されたマッカーサーの日本国民に対するメッセージには、「侵略には敢然自衛」という見出しが躍り、その脇の関連記事には、「自由世界の防衛推進」「再軍備を示唆マ元帥声明の意義」という見出しが付けられている(毎日新聞一九五一年一月一日)。

年頭・日本國民に與う
マッカーサー元帥声明
侵略には敢然自衛

日本憲法は国家の政策の具としての戦争を放棄している。この理念は近代世界がかつて経験した至高とはいえなくとも、最高の一つの理念を現わしており、かつ文明が維持されるべきであるならば、すべての人々がいずれは信奉しなければならないものである。

毎日新聞 The Mainichi （日刊） 昭和26年（1951年）1月1日 （月曜日）

年頭・日本國民に與う

マッカーサー元帥声明

侵略には敢然自衛

講和と自主獲得の年

安定へ目ざましい進歩

平和憲法は文明の理念

アジヤの運命を担う

再軍備を示唆

マッカーサー元帥

自由世界の防衛

同盟諸國断じて

アチソン長官

毎日新聞

毎日新聞社（東京）

賀正

1951 元旦

三和銀行

マ元帥声明に各

再建の基礎確立

この自ら課した制約は、しだいに強まりつつある嵐の脅威にもかかわらず、国家の安全保障の問題に関する諸君の思慮と行動を細部にいたるまで導いてきたのである。

しかしながらもし国際的な無法律状態が引続き平和を脅威し、人々の生活を支配しようとするならば、この理想がやむを得ざる自己保存の法則に道を譲らねばならなくなることは当然であり、自由を尊重する他の人々と相携えて、国際連合の諸原則のわく内で、力を撃退するに力をもってすることが諸君の義務となるだろう。

このような事態が決して起らないことを私は熱烈に希望するが、万一起った場合、日本の安全保障は太平洋地域の他のすべての自由諸国家の深い関心事となるだろう。

いろいろ言ってはいるが、マッカーサーが日本国民に伝えたかったのはまちがいなく太字の部分。

つまり、

① **戦争放棄は謳ったけれど自衛戦争は禁じられてはいない**

② **非戦の理想を脇に置き我々と共に戦うのは義務**

ということだ。

当時首相の座にあった吉田茂は、こうした米国政府の対日政策の転換に呼応し、自らの姿勢を一八〇度変えた。

一九五〇年一月二三日、衆議院本会議における施政方針演説において吉田はこう発言した。

戦争放棄の趣意に徹することは、決して自衛権を放棄するということを意味するものではないのであります。

また、一月二八日には世耕弘一議員の質問に対してこう答えている。

武力なき自衛権についてのお尋ねでありましたが……いやしくも国が独立を回復する以上は、自衛権の存在することは明らかであって、その自衛権が、ただ武力によらざる自衛権を日本は持つということは、これは明瞭であります。

吉田首相は、はっきりと自衛権の存在を認めたものの、この段階では「武力によらざる自衛」だとしていた。そして、この半年後の一九五〇年六月に勃発した朝鮮戦争を契機として、同年八月にはGHQの指令を受け七万五〇〇〇人の警察予備隊が創設された。

翌五一年、講和条約・日米安全保障条約が調印され、翌五二年には日本が独立を回復。この年、警察予備隊は一一万人に増員されて、名称を保安隊と改めた。こうして着々と再軍備が進められ、憲法九条が禁じている「戦力保持」の色彩がいっそう強まった。

マッカーサー解任

朝鮮戦争の最中、一九五一年四月一一日に、「占領下日本の最高権力者」でもあったマッカーサー元帥が、トルーマン大統領によってすべての軍の地位から解任された。これに伴い、国連軍総司令官および連合国軍最高司令官のポストには、マシュー・リッジウェイ大将が着任した。

解任の理由については大統領の権限を侵す行ないが続いたからというのが一般的だ。一九五一年三月の段階で、「停戦模索の用意あり」との声明を出そうとしていたトルーマンを出し抜く形で、マッカーサーは「中共を徹底的に叩く」との声明を発表。また、自重を求めるトルーマンの指示を無視して、国連軍に三八度線以北への侵攻を命令し、さらには、中国本土への攻撃や原子爆弾の使用の提言なども行なっていた。こうした姿勢は停戦を模索していた国連や米国政府の意向とは逆のもので、戦闘が中国の国内にまで拡大してソ連を刺激し、それが契機となってヨーロッパに緊張状態をもたらせば、またしても世界大戦に発展する可能性があるとトルーマンは考えた。

解任前日、AP通信東京支局は、マッカーサーが陸軍長官のペースに語った「主張」を報道。これが「解任」を決定的なものにした。

マッカーサーの言葉の中には、「中共軍を徹底的に叩くか、彼らに敗北を悟らせなければ、朝鮮戦争は終結しない。連合国軍は原爆を含むあらゆる武器を使って中共軍と戦うべきだ」という主張もあり、第三次世界大戦の勃発を回避したいトルーマンにとっては、かつての英雄を即刻解任するしかなかった。

徹底した戦争放棄の憲法制定を日本政府に指示しながら、朝鮮戦争勃発後に「自衛戦争は可能」という解釈を示し、密かに日本の再軍備を図ったマッカーサー。吉田首相をはじめとする日本政府は、彼のこうした変節・転換に反発するのではなく、従順に呼応した。それは、憲法九条を改正規定（憲法九六条）に則って改める「明文改憲」をなした上での再軍備ではなく、九条を保持した状態での再軍備。つまり、警察予備隊も保安隊も九条に反していないと解釈するという「解釈改憲」で再軍備を進めるということだ。そして、その具体的な作業を担ったのが、前述のフランク・コワルスキーらであった。

憲法九条を維持したままの「再軍備」は着々と進み、一九五二年には警察予備隊を改変した保安隊が発足し、さらに一九五四年には自衛隊が創設される。

激しい国会論戦

もちろん、野党はこの変更を厳しく追及した。一九五四年、自衛隊が発足したこの年の一二月七日に吉田内閣は「造船疑獄」により総辞職。そのあと、新内閣の首班に指名された鳩山一郎(日本民主党総裁)は改憲論者として知られていた。その鳩山首相を、左派社会党の成田知巳議員が厳しく攻めた。衆議院予算委員会(一二月二一日)の議事録より抜粋する。

成田　……憲法改正と再軍備問題について、鳩山さんのお考えを明らかにしていただきたいと思います。……

……鳩山総裁は在野時代から、憲法改正、再軍備の主唱者であったことも明らかな事実です。世間では、鳩山さんの顔には憲法改正、再軍備と書いてある、こう言っております。それから改進党が憲法改正、再軍備の党であったことは言うまでもありません。またあなたの党の幹事長である岸(信介)さんが、自由党の政務調査会長として、憲法改革の恐るべきファッショ案をつくったことも周知の事実であります。そこで憲法改正、再軍備に関するあなたの率直な御意見を承りたいのであります。特に正直で率直でいらっしゃる鳩山さんにまずお聞きしたい。現在の自衛隊は、警察予備隊から保安隊になり、自衛隊になりました。人員も装備も格段の飛躍をしております。目的もかわって来た。この自衛隊は軍隊であるとお考えになるか、あるいは軍隊でないとお考えになるか、現に林幕僚会議議長はアメリカで、自衛隊は国際的に見れば軍隊であるということをはっきり言っておるのです。率直な鳩山さんは、吉田さんのような詭弁はお使いにならないと思いますが、自衛隊が軍隊であるかどうか、その点のはっきりした御答弁を承りたい。

鳩山　自衛隊と軍隊はどこが違うかと言うことをちょっと知らないのです。

成田　自衛隊と軍隊がどこが違うか、よく知らないということは、逆から言えば自衛隊と軍隊は同じだ、こう了解してよろしゅうございますか。

鳩山　自衛隊を軍隊と言えば誤りなのか、同一と言うのがいいのか、違ったと言うのがいいのか、そこは知らないのです。（笑声）

成田　……自衛隊が軍隊であるかどうかわからない、これでは答弁にならない。あまりに不見識じゃないですか。実に不見識ですよ。吉田さん以上にひどいですよ。自衛隊が軍隊であるかどうか、これは常識でわかると思います。国民の中には軍隊と言っておる人も大分ある。林幕僚会議議長も国際的には軍隊だと言っておる。総理大臣であるあなたが自衛隊が軍隊かどうかわからない。これでは国民は満足しませんよ。はっきり御答弁願いたい。

鳩山　自衛隊も自衛権のために戦争することは認められておるわけですね。自衛力を行使する点において交戦することは認められておるのですね。

成田　それは鳩山さんの解釈なんでしょう。鳩山解釈なんだ。私はそうだと思う。自衛隊も自衛のためならば戦争は許される。戦争をするための自衛隊は軍隊にあらずと言うこともむずかしいようなんですね。だから軍隊とも言えるし、軍隊とも言えないというようなものが自衛隊なんでしょ

うね。（笑声、拍手）

成田　非常に鳩山さんとしては苦しいところだと思うのですが、鳩山さんを国民が信頼しているのは、あなたが率直な点を信頼しているのです。あとはあまりいいところはないのです。率直な点を信用している。それを今のような答弁をされましたら国民が非常に悲観いたしますよ。そこで自衛隊は御承知のように外敵の侵略に対して出動することは、自衛隊法できまった。それからあの装備を見ましても、これは軍隊と解釈するのは当然なんです。軍隊でなくて何ですか。率直に自衛隊は軍隊とことでお認めになるか。

鳩山　憲法が誤解を招きやすいような文字を使ってでき上っているものですから、戦闘力なき軍隊というような答弁も出て来るし、私の言うような答弁も出て来るのです。元は憲法が明白になっていないからです。そこで私は憲法の改正は必要だと今日でも思っております。

成田　憲法があゝいう規定になっているから、自衛隊が軍隊であるとかないとかいう問題が起きるのではないのです。自衛隊の実質なんですよ。実質自衛隊が軍隊の性質を持っておるかどうかという問題です。憲法とは無関係なんです。憲法が非常に不明確の規定だから、自衛隊が軍隊かどうかわからない――軍隊というのは、世界各国一つの通念があると思う。だから林幕僚会議議長も国際的には軍隊だと言っている。憲法とは無関係なんです。軍隊をつくることがいいか悪いかということは憲法問題だ。しかし自衛隊が軍隊であるかどうかという事実問題は、憲法とは関係ない。その事実問題を私は答弁を要求しているのです。率直に御答弁願いたい。

鳩山　先刻申しましたように、自衛のためならば戦い得るのですね。日本の自衛隊は自衛の目的のためならば戦うことが許されているわけなんですよ。そうしますと、戦うことを許されている自衛隊は軍隊であると言えるはずなんです。戦いは禁止されていないのですから、軍隊だと思う。けれども軍隊を持ってはいけないということを書いてあるから、それでまた制約を受けている。

成田　そこが問題なんですよ。あなたは自衛隊は軍隊だということをお認めになった。憲法が持ってはいけないというから言えないというだけなんでしょう。あなたは軍隊とお認めになった。だから憲法違反を今やっているということです。……そこでおやりになるとすれば、憲法を改正するか、自衛隊をなくするか、この二つのうちの一つなんです。今率直に自衛隊は軍隊だとお認めになったのだから、憲法を改正してこの憲法違反の事実をなくするか、あるいはまた自衛隊をなくして憲法違反の事実をなくするか、この二つのうちの一つだということです。

鳩山　成田君の言うように、そう簡単に結論は出せないのです。自衛のためならば戦争は許されているものですから、戦争が許されている範囲内においては、自衛隊も軍隊なんです。だから軍隊だ……。

成田　お認めになったじゃないですか。

鳩山　自衛のための戦争が許されていれば、自衛隊は軍隊です。ある目的の範囲内において軍隊なんだから、その目的を逸脱はできないわけです。私はその考え方で正しいと思う。

御両人は真剣に応酬しているのだろうが、まるでコントを見ているようなやりとり。前出のコワルスキーが言う九条下での「ごまかし」の産物である警察予備隊よりはるかに軍隊性を帯びた自衛隊について、国会ではこんな開き直った政府答弁がなされていたのだ。

二一日の予算委員会の質疑では、憲法九条と自衛隊に関する見解について、鳩山内閣の意思が統一されていないということが明らかになった。そのため、政府は翌二二日の委員会の冒頭、自由党の福田篤泰議員にこの件についての統一見解を求めさせ、大村清一防衛庁長官がこれに答えるという方策をとった。なお、この新たな憲法九条解釈は第五〇代内閣法制局長官の高辻正己が立案した。

福田　まず私は大村大臣に対しまして、昨日の本委員会における憲法第九条をめぐりまして、新内閣の勉強が不足かあるいは閣内の不統一かはわかりませんが、きわめてあいまいな、でたらめな御答弁がありまして、国内におきましても大きな問題になっております。これについて統一ある、はっきりした新内閣の憲法第九条に対する釈解を承りたいと思います。

大村　ただいまお尋ねになりました点につきまして、政府の見解をあらためて申し述べます。

第一に、憲法は自衛権を否定していない。自衛権は国が独立国である以上、その国が当然に保有する権利である。憲法はこれを否定していない。従って現行憲法のもとで、わが国が自衛権を持っていることはきわめて明白である。

二、憲法は戦争を放棄したが、自衛のための抗争は放棄していない。一、戦争と武力の威嚇、武力の行使が放棄されるのは、「国際紛争を解決する手段としては」ということである。二、他国から武力攻撃があった場合に、武力攻撃そのものを阻止することは、自己防衛そのものであって、国際紛争を解決することとは本質が違う。従って自国に対して武力攻撃が加えられた場合に、国土を防衛する手段として武力を行使することは、憲法に違反しない。

自衛隊は現行憲法上違反ではないか。憲法第九条は、独立国としてわが国が自衛権を持つことを認めている。従って自衛隊のような自衛のための任務を有し、かつその目的のため必要相当な範囲の実力部隊を設けることは、何ら憲法に違反するものではない。

自衛隊は軍隊か。自衛隊は外国からの侵略に対処するという任務を有するが、こういうものを軍隊というならば、自衛隊も軍隊ということができる。しかしかような実力部隊を持つことは憲法に違反するものではない。

自衛隊が違憲でないならば、何ゆえ憲法改正を考えるか。憲法第九条については、世上いろいろ誤解もあるので、そういう空気をはっきりさせる意味で、機会を見て憲法改正を考えたいと思っている。以上お答えいたします。

大村防衛庁長官が述べたこの「統一見解」が、政府の九条解釈の基本を成し、長らく歴代の政権に引き継がれる。

以上紹介した論戦を皮切りに、国会では戦後「九条」の規定に関して「解釈改憲派・内閣法制局」と「九条本旨派」との対立が、今日に至るまで半世紀にわたり延々と続いている。この両者の基本的な見解は左記のとおり。

［解釈改憲派／内閣法制局］

「国際紛争を解決する手段として」の「陸海空軍その他の戦力」は保持してはならないが、自衛のための実力組織の保持は違憲ではない。自衛隊は合憲だ。

独立国は自衛権を有しており、戦争は放棄したが侵略から国土を防衛するための必要最小限度の武力行使は違憲ではない。

［九条本旨派および好戦的明文改憲派］

「国際紛争を解決する手段として」はもちろん、自衛を目的としたものであっても、「陸海空軍その他の戦力」は保持してはならない。戦力、軍隊にほかならない自衛隊は違憲の存在。

独立国は自衛権を有している。それは日本も同じだが、わが国の場合「九条」の規定により、たとえ自衛のためであっても、戦力によって武力行使・交戦することを禁じられている。

［九条本旨派］↓だから、違憲の自衛隊を改組・廃止するなど、「九条」の規範から大きく乖離した実態を改めるべし。

［好戦的明文改憲派］↓だから、「自衛のための軍隊を保持する」と憲法を改正し、自衛隊の存在や出動

に合法性を持たせるべし。

それにしても、紹介した国会での論戦は今とはまるで違い、「自衛隊＝九条違反（違憲）」が、護憲派の常識だったということがよくわかる。

二つに一つ

「憲法違反の事実をなくするためには、憲法改正をやるか、あるいは自衛隊を廃止するか、この二つのうちの一つだと思います。はっきり御答弁願いたい」

成田知巳議員がそう言って鳩山一郎首相に迫っている議事録を先ほど紹介したが、その四七年後、西部邁（思想家）も同じように「ゴマカシ路線が駄目だというのなら、途は二つしかない」と断じている。もっとも、西部は成田とは逆に憲法改正を是としているのだが。彼の主張を紹介する。

……憲法前文で平和主義を宣言し、その九条で「戦力の不保持」と「交戦権の否認」をやれば、自衛隊の海外派遣・派兵が合意だというのはゴマカシの論法によってのみかろうじて主張しうることにすぎない。

私のいいたいのは、自衛隊員にピストルをもたせるかどうかこういったちっぽけな国連平和協力法を憲法解釈のゴマカシと批判するのなら、年間四兆円の軍事費を費消する自衛隊の存在そのものが違憲だと批判すべきだということである。そしてその違憲の存在を認めた上で成立した日米安保条約もまたゴマカシだということである。政府与党についていえば、世論にたいし「あなた方は自衛隊の解体と日米安保条約の廃棄をも要求しているのですか」と切り返すべきなのである。

つまり、戦後日本の一切の軍事体制は平和憲法——正確には日本国憲法——にたいするゴマカシの上に推進されてきたのだ。それがいわゆる「解釈改憲」の経緯だったのであり、軍事問題にかんするかぎり、憲法の骨抜き作業が着々と積み重ねられてきたわけである。国連平和協力法はこのゴマカシの屋上にもう一つ屋を架そうとしただけのことにすぎない。

このゴマカシ路線が駄目だというのなら、途は二つしかない。第一は憲法を改正することであり、第二は平和憲法に徹して軍事的な無防備国家となることである。私自身は憲法改正を主張するものであり、無防備国家を選ぶのは日本が国家として滅びの過程に入ることにほかならぬと固く信じている。

(『戦争論——暴力と道徳のあいだ』〔角川春樹事務所、二〇〇二年〕一六二〜一六三頁)

日本のメディアの姿勢

マッカーサーが日本から去った後も、「再軍備」に向かう流れは変わらなかった。憲法の公布からわずか三年でのUターンとなったのだが、米国の意思を酌んだ日本政府のこうした動きを、「軍隊不保持と戦争放棄」の九条制定を歓迎していた日本のメディアはどう受けとめていたのだろうか。

毎日新聞一九五〇年七月二〇日の社説「警察予備隊の性格と任務」

国家の治安確保のため、警察予備隊の設置は重要なことである。敢えて朝鮮戦争の勃発をまつまでもなく、今日の貧弱な警察力では国家の万一の非常事態にあたつて、その能力の不足さはかねて懸念されていたところである。しかし現在のわが国の地位からして、自発的にこの問題を提起することが、国際的な反響を考慮すれば、はたしてどんなものであるかの考慮から、いままで差しひかえていたといえる。

マ元帥のこれに関する書簡は、われわれの治安上の要請を遺憾なく解決してくれた。したがって予備隊設置の精神には、何人も異論の起こる余地はない。

毎日新聞一九五〇年八月九日の社説「警察力と戦力」

この警察予備隊は日本軍隊再建の萌芽となるのではないかという流説がしきりである。わが国は憲法第九条第二項で「陸海空軍その他の戦力」を保持しないことを誓ったのであるから、もし今回生まれる警察予備隊が軍隊と似たものになるとすれば、その似て非なる理由を十分明らかにしておかなければならぬ。

〈中略〉

国内治安維持の行動が、ついには戦争放棄の憲法放棄の憲法の条章にふれてきはせぬかが危ぶまれている。

ここでは『毎日』の社説を紹介したが、『朝日』『読売』の論調もほぼ同じで、警察予備隊の創設を憲法違反だとして批判するようなことはなかった。これは、「これが日本再軍備の事始めだと気づいた人はいなかったであろう」というコワルスキーの述懐に符合する。ただし、メディアは気付いていながら見て見ぬふりをした可能性もある。

「再軍備」に対する国民の意思

それでは、敗戦後に新憲法によって主権者となった国民はどう考えていたのか。当時、各紙が行なった世論調査の結果は実に興味深い。私にとって、この数字は意外なものだった。

まず、朝鮮戦争勃発の四カ月後に実施された朝日新聞の世論調査から紹介しよう。自分たちを占領している米国の軍隊が隣国で戦争をしているという事実の影響は大きく、「軍隊不保持・戦争放棄」を謳った新憲法制定から四年しか経っていないというのに、再軍備に賛成だという人が反対の人を大きく上回っていることに驚く。

朝日新聞世論調査「講和と日本再武装」（一九五〇年一一月一五日紙面掲載）

◇講和条約の締結後にアメリカが日本に軍事基地をもつことをあなたはどう思いますか。賛成ですか、反対ですか。

賛成　29・9%
反対　37・5%
わからない　32・6%

◇ある人たち※はわが国は軍隊をつくるべきだといっていますが、あなたはこの意見に賛成ですか、反対ですか。「軍隊」というのは日本を侵略から守る軍隊のことで、警察予備隊や海上保安隊とは違います。

賛成　53・8%
反対　27・6%
わからない　18・6%

※設問にある「ある人たち」というのは、芦田均、渡辺銕蔵ら「積極的再軍備論」を唱える議員、言論人のことで、朝鮮戦争勃発を機に活動を活発化させてきた。

毎日新聞世論調査「講和と自己防衛」（一九五一年一月三日紙面掲載）

◇講和後の日本の軍備が問題になっています。あなたは次のどれをのぞみますか。

	男女計	男	女
十分な軍備をもつ	23・2%	26・7%	17・8%
ある程度の軍備をもつ	42・6%	45・5%	38・0%

現在のままでよい	16・5%	17・9%	13・7%
その他	1・9%	2・2%	1・5%
わからない	15・0%	7・1%	27・7%
無回答	0・8%	0・6%	1・3%

〈十分な〉と〈ある程度の〉を合わせた「軍備をもつ」は男性の72%、女性でも55%を超している。驚くべき数字なのだが、毎日新聞のこの世論調査が発表された頃、朝鮮半島では、米軍を主体とした連合国軍に押されていた中国・北朝鮮軍が反転攻勢。平壌を奪回した後、一月四日にはソウルを再び制圧した。そういった戦況の中、日本が占領状態から脱することを意味する「対日講和」に関する交渉を行なうための米国政府の特使として、ジョン・フォスター・ダレス元国務長官が前年に続いて来日した。

一月二九日の第一回会談を皮切りに、吉田茂首相とは四回にわたって交渉を重ねるのだが、名うての反共主義者として知られるダレスは、日本が急ぎ三〇万人規模の軍隊を組織して米国を中心とする反共・自由主義陣営の一員となることを迫り、それを「講和・独立」の条件とした。

これに対して、吉田は、急な再軍備は地下に潜った日本の軍国主義者を蘇らせ、国家が再び軍部によって支配される危険を招きかねないこと、そして、再軍備をなすための経済的基盤がないことを理由に、ダレスの要求を拒んだ。それでも、ダレスの圧力が弱まることはなく、吉田は、仕方なくか当初の計算通りか、近い将来、五万人規模の保安隊を組織するなどの妥協案を次の通りダレスに提示した。

再軍備計画のための当初措置（一九五一年二月三日）

平和条約および日米安保協力協定の発効と同時に、日本が再軍備計画に乗り出すことが必要となろう。以下は日本政府が検討中のこの計画の骨子である。

（a）総数五万人にのぼる陸、海の保安部隊が、現在の警察力および警察予備隊とは別個に創設される。これら保安部隊は特別に訓練され、一段と強力な装備を持つもので、国家治安省（予定）の管轄下に置かれる。この五万人の部隊が日本の新たな民主的軍隊のスタートをしるすものとなろう。

（b）省略

その三日後（二月六日）の午後零時半、吉田は、かつて自分たちに「戦争放棄・軍隊不保持」を指示したマッカーサーと連合国総司令部内で会う。このとき、二人はこんなやりとりをしていた（読売新聞一九八二年九月二〇日。この記事は、公開された外務省の文書と読売新聞社が独自に入手した外交機密資料を基に構成されている）。

吉田　再軍備をうんぬんすることを、日本は避けたい。警察予備隊は軍隊にあらずとの法則の建前であり、政府も強く主張してきた。かかる事情なるがゆえに、条約などにて、予備隊が軍隊らしきものとなること、または、日本が再軍備するようなことを規定するのは、どうしても、避けざるべからず。

マッカーサー　同感だ。

吉田　ダレス特使に提案した五万人のセキュリティフォース（保安部隊）こそ、将来の民主的軍隊として立派なものに育成したい。これがため、参謀本部についても英米式の立派なものをつくりたい。よい米国軍人の援助を得たい。日本は明治時代、ドイツのメッケル将軍を顧問としたるより漸次、ドイツ式陸軍となってしまった。この過誤をくりかえしてはならぬ。ウィロビー将軍の所にいるような旧日本軍人など使いたくない。

マッカーサー　近時の武器の進歩は急速で、五年実務をはなれれば、もう役にたたぬ人間になる。終戦後、五年半がすぎた。日本の軍人達はもはや役にたたぬ代物になっていると思う。

この翌日、午前一〇時半から吉田はダレスとの第七次会談に臨む。この席で彼は「秘密」の確認を行なった。

吉田　昨六日、マ元帥との会談で、条約その他の文書に日本が再軍備することを明言しないようにと、希望しておいた。

ダレス　同感だ。どこにも日本の再軍備をいわぬことにした。米国は日本に再軍備を強制しない。

吉田　日本が自発的に軍隊をもつ場合には、全く新しい軍隊をもちたい。とくに参謀本部に気をつけ、軍国主義の復活を阻止しなければならない。米国の好意ある援助を期待する。

こうして、吉田は「講和・独立」への道筋をつける。だが、再軍備を事実上認めたダレスへのこの提案について、彼は国会にかけることもなかったし、閣僚と協議することもなかった。すべてを極秘のうちに進め、自分一人で決着をつけた。

国民は、日米両政府が「再軍備」に関して合意したことを知らなかったが、米国側からそれを迫られていることは報道などにより知っていた。そんな中で行なわれた読売新聞の世論調査結果は、前掲の『朝日』『毎日』同様、日本国民の多数が「再軍備」を容認し、それを求めていることが明らかになった。敗戦後の九条制定からわずか四年余で、「軍隊不保持・戦争放棄」の理想を棄てようとしていたのだ。

読売新聞世論調査「再軍備など」（一九五一年三月二六日紙面掲載）

◇日本に国防軍を再建せよといわれていますがどう思いますか。

［賛成］　47・3％

（理由）　自分の国は自分で守るべきだ　40・9％

侵略の危険が増大　21・6％

独立国として軍備は当然　14・7％

警察予備隊では国内治安が不安　4・7％
その他　10・4％
意見なし　7・7％
［反対］　23・6％
（理由）戦争はいやだから　31・9％
戦争に巻きこまれ易いから　22・1％
税金が高くなるから　10・7％
憲法に違反するから　5・8％
軍国主義が復活するから　5・1％
その他　3・9％
意見なし　10・5％
［わからない］　29・1％

〈調査に添えられた読売新聞による解説〉国民の約半ば近くが日本の再軍備に賛成している。賛成、反対とも都市と、学歴の高い層に多いが、賛成を一番強く表明している職層は給料生活者の57・5％で、反対は自由業者の36・1％が筆頭、性別では賛成は男に多く反対は女に多い、年齢的には四十歳代（の男性）と二十歳代（の女性）とがそれぞれ賛成と反対の両横綱、学歴別では学歴の高いほど賛成が多く、高専卒ではその64・6％が再軍備に賛成している、これを昨年八月の調査と比べてみると、賛成は前回より8・4％増加、反対は9・1％減少した。……その後の世界情勢の進展から反対者の約三割五分が賛成に変わったことを示している。男では賛成が増えているのに反し女では賛成者が昨年より7・8％減っている。

◇（前問で賛成の人にだけきいた）再軍備のため憲法を改正することに賛成ですか、反対ですか。

賛成	68・4％
反対	8・3％
わからない	23・3％

▼自衛軍を持つとしたら陸軍だけでよいと思いますか、海空軍も持った方がよいと思いますか

陸軍だけでよい	12・2％
海空軍も必要	60・5％
わからない	27・3％

この読売新聞の世論調査の一年後に、朝日新聞が行なった同種の調査でも、ほぼ同じような「国民の意識」が炙り出された。

朝日新聞世論調査「再軍備どう考える」（一九五二年三月二日紙面掲載）

◇政府はこの十月から警察予備隊を七万五千人から十一万人にふやし、大砲なども持たせ、名前を

保安隊に変えようと考えています。あなたは、その必要があると思いますか、そんな必要はないと思いますか。

必要がある　45％
必要がない　25％
わからない　30％

◇政府の考えているこのような保安隊や防衛隊は、軍隊だと思いますか、軍隊ではないと思いますか。

軍隊である　55％
軍隊でない　19％
わからない　26％

◇吉田首相はこんどの国会で「再軍備はしない」と度々いっていますが、それはほんとだと思いますか、口先だけだと思いますか。

ほんとだ　12％
口先だけ　48％
わからない　40％

◇A　いま日本に軍隊をつくる必要があると思いますか。そんな必要はないと思いますか。

必要がある　32％
条件によって必要　24％

必要はない　26％
わからない　18％

◇B　軍隊をつくるために、税金が高くなったり、ものが足らなくなったりして、生活が苦しくなることがあっても、我慢しますか。そうなっては、困りますか。（Aで「必要」「条件によって必要」の回答者［計56％］にきいた）

我慢する　35％
困る　19％
答えたくない　1％
わからない　1％

◇C　あなたや（婦人には……あなたの夫や）あなたの親兄弟、子供や孫たちが兵隊にとられるようなことがあっても、それは当たり前だと思いますか。そうなってはいやですか。（Aで「必要」「条件によって必要」の回答者［計56％］にきいた）

当たり前だ　15％
仕方がない　25％
いやだ　14％
答えたくない　1％
わからない　1％

〈省略〉

◇E　アメリカ軍がすっかり引き揚げたあとに、万一その他の軍隊が日本に攻め込んできて、あなたの生命や財産が危うくなるようなことになっても、軍隊はいりませんか、どうですか。（Aで「必要はない」の回答者［計26％］にきいた）

いらない	5％
そうなればいる	16％
答えたくない	2％
わからない	3％

国防軍再建に「賛成」47・3％、「反対」23・6％（読売新聞）。警察予備隊を、より軍隊性をもった保安隊に変えることは「必要」45％、「不必要」25％（朝日新聞）。これらの記事が掲載された頃、経済学者であり社会主義者でもあった山川均はその著作『日本再軍備』（岩波書店、一九五二年）の中でこう記していた。

敗戦によって軍隊は解體され、軍人は追放されて、政治上社會上の活動の表面からは姿を消した。しかし、これで日本の國家主義と軍國主義、愛國主義とが死滅したわけではない。七十年の長きにわたって、國民の信仰にまで完成されていた國家主義、軍國主義、忠君愛國主義の精神が、わずか五年のあいだに清算されるものではない。それらのものは、閉息はしているが死滅したのではない。

そして終戦後五ヵ年のお仕着せ的民主主義は、國家主義、軍國主義、愛國主義の復活にたいする保障となるにはたりないものである。げんざい多数の國民のなかに眠っているこれらの信仰と、五年間につぎこまれた民主主義の精神と、どちらが強いかと聞くほど、ばかばかしい問はない。（五一頁）

朝日新聞世論調査「再軍備どう考える」（一九五二年九月二一日紙面掲載）

◇現在わが国民にとって一番重要な問題は何か。

再軍備問題	20%	平和の問題	5%
国民生活の安定	12%	減税	4%
食糧問題	4%	経済の問題	6%
国力の伸長	2%	外交問題	2%
その他	12%	わからない	33%

◇吉田首相は「警察予備隊は新しい軍隊の土台となれ」といったが、この考え方に賛成か、反対か。

賛成	38%
反対	33%
わからない	29%

朝日新聞世論調査「再軍備に対する態度」（一九五三年二月一四日紙面掲載）

◇あなたは保安隊や海上警備隊を軍隊だと思いますか、軍隊ではないと思いますか。

軍隊である	45%
軍隊でない	19%
中間的な答	22%
わからない	14%

◇あなたはいまの日本に軍隊をつくる必要があると思いますか、そんな必要はないと思いますか。

	今回調査	昨年二月調査
必要がある	38%	32%
必要がない	29%	26%
条件による	14%	24%
わからない	19%	18%

◇必要がある主な理由

日本を防衛し外敵の侵略に備えるため	50%
独立国だから	12%
いざという時に備えて	6%
国際情勢からみて	5%

◇不必要である主な理由

戦争に巻き込まれたくないから　42％
保安隊で十分だ　20％
まだそれだけの経済力がないから　9％
憲法違反だから　4％
駐留軍がいるから　3％

◇条件によるとの答

自衛や治安維持に限るなら、戦争や侵略を目的としないならよい　51％
国民経済や生活が安定してからならよい　10％
保安隊程度ならよい　7％
時期が来たら　5％

◇日本は憲法で、戦争はしない、軍隊は持たないと決めていますが、このように決めたことはよかったと思いますか。よくなかったと思いますか。

	今回調査	昨年二月調査
よかった	36％	27％
仕方がなかった	25％	27％
よくなかった	15％	16％

わからない	24%	30%

〈調査に添えられた朝日新聞による解説〉「よかった」と考えている人たちの72%は別の質問で「改正して軍隊をつくる必要なし」と答えているし、「よくなかった」と答えた人の64%は「改正して軍隊をつくる」と答えていて、憲法改正に対する態度は割合にはっきりと筋が通っている。〈中略〉問題は「仕方がなかった」と答えた人たち（25%）が今後どのように態度を決めるかであるが、各質問に出ている回答に結びつけてみると「よくなかった」と答えた人たちの態度と似通っているので、この方へ流れる傾きがあると見てよいだろう。

◇あなたは、憲法で戦争はしない、軍隊は持たないと決めてあるのを改めて、軍隊をつくる必要があると思いますか。改めてまでつくる必要はないと思いますか。

	今回調査	昨年二月調査
改正して軍隊をつくる	31%	31%
改正してつくる必要なし	42%	32%
その他の答	4%	6%
わからない	23%	31%

〈調査に添えられた朝日新聞による解説〉ここ一年間「改正せよ」は全く変わらないが「改正に反対」は10%だけ増加したことになる。防衛力漸増方針に賛成、日本に軍隊をつくる必要があるというものがどちらも多いのに憲法を改正して軍隊をつくるというものが少ないのは防衛力の漸増方針に

賛成であり、日本に軍隊をつくる必要があると考えている人でも憲法を改正してまでつくる必要なしと考えているからである。

朝日新聞世論調査（一九五四年五月一六日紙面掲載）**自衛隊発足の直前**

◇現在わが国に、軍隊をつくる必要があると思いますか。そんな必要はないと思いますか。

	今回	五三年六月	五三年二月	五二年二月
必要がある	37%	41%	38%	32%
必要がない	30%	23%	29%	26%
条件による	15%	16%	14%	24%
意見なし	18%	20%	19%	18%

この五四年五月の調査結果に添えられた朝日新聞の解説によると、「条件による」を選んだ人は、「自衛や治安維持に限った軍隊ならつくってもいい」と考えているという。それは、「必要がある」と答えた人も同じ考え。つまり、「自衛に限っての軍隊」ならつくっていい、あるいはつくるべしと考えていた人は、この掲示された四回の調査とも、全体の過半数を占め、逆に再軍備に反対の人は常に三割以下であったことがわかる。

これは、先に掲げた毎日新聞、読売新聞の調査結果とも符合している。こうした調査記録で明らかになったのは、主権者・国民の「再軍備反対、自衛隊は不要」という多数意思に反して、日本政府が自衛隊を強引に発足させたという主張が、事実に反する《護憲神話》だということだ。敗戦後に「軍隊不保持・戦争放棄」の憲法九条を手にした日本国民だが、その多くが、この頃すでに、九条は改めないで再軍備することを是とする考えを抱いていた。つまり、政府のみならず国民もまた、今につながる「解釈改憲・大人の知恵」という道に進もうとしていたのだ。

東京大空襲、自決を強いた沖縄戦、広島・長崎への原爆投下……。そうした悲劇から一〇年も経っていないというのに、国民がここまで「再軍備」を容認していたことに私は驚いた。もちろん、朝鮮戦争がそうした意識形成に及ぼした影響は小さくないだろう。だが、すべてをその「せい」にしてはいけない。日本において、解釈改憲がなぜここまで広がり蔓延《はびこ》ってきたのかを考えるときに、多くの国民が再軍備を容認していたというこの事実を無視しては、問題の本質はつかめない。

社会党の変節

さて、一八頁の図で示したとおり「解釈改憲」は、一九五〇年代から徐々に進行し、憲法九条の本旨と実態との乖離は六〇年の間に大きく広がった。そして、第二次安倍政権が誕生した二〇一二年一二月以降、内閣は「集団的自衛権の行使容認」という究極の解釈改憲を断行し、立憲主義を破壊した。

九〇年代において、こうした解釈改憲の推進力となったのは、「左翼・護憲」の旗を掲げていた社会党の変節にほかならない。この章の冒頭で紹介したように吉田茂首相の変わりようも甚だしかったが、社会党の場合は長年「自衛隊違憲」の主張を真正面から掲げ続けていた(本章で紹介した成田知巳議員と鳩山一郎首相のやりとりを参照のこと)だけに、非戦の本旨護憲派にとっては大きな痛手となった。皮肉にも、その変節は、いわゆる「自・社・さ」政権が誕生し、村山富市が片山哲内閣以来四七年ぶりの社会党委員長として内閣総理大臣に就任したときに決定的となった。阪神大震災の半年前、一九九四年七月二〇日の衆議院本会議、議長は護憲派の顔、社会党の土井たか子議員が務めていた。彼女に指名され、前首相で新生党党首の羽田孜が質問に立った。

羽田　(村山)総理は、法律に明記された陸海空三自衛隊の最高指揮官であります。そのことがつまりシビリアンコントロールを体現することであります。自衛隊は違憲であるが合法的な存在であるとか、実態は違憲であるとの認識に立って計画的に軍縮を実行するとか、国民の立場から見れば自衛隊に対する社会党の見解はこれまで極めてわかりにくいものでありました。

総理、自衛隊は違憲であるのか合憲であるのか。合憲であるとお認めになるのなら、いつ、どのような理由で社会党の憲法解釈を変えられたのか、お答えをいただきたいと思います。(拍手)そして、総理が合憲を言明されるならば、社会党そのものも明確な形で憲法解釈の変更を国民の前に明らかにすべきだと思いますが、いかがでございましょうか。お伺いいたしたいと思います。(拍手)

……

村山　……次に、自衛隊に関する憲法上の位置づけについての御質問でございます。よくお聞き

をいただきたいと思います。（拍手）

私としては、専守防衛に徹し、自衛のための必要最小限度の実力組織である自衛隊は、憲法の認めるものであると認識するものであります。（拍手、発言する者あり）後が大事ですから、どうぞお聞きください。……

本来、国家にとって最も基本的な問題である防衛問題について、主要政党間で大きな意見の相違があったことは好ましいことではありません。戦後、社会党は、平和憲法の精神を具体化するための粘り強い努力を続け、国民の間に、文民統制、専守防衛、徴兵制の不採用、自衛隊の海外派兵の禁止、集団自衛権の不行使、非核三原則の遵守、核・化学・生物兵器など大量破壊兵器の不保持、武器輸出の禁止などの原則を確立しながら、必要最小限の自衛力の存在を容認するという穏健でバランスのとれた国民意識を形成したものであろうと思います。（拍手）

九条の解釈をめぐって内閣法制局長官と対立すれば「自・社・さ」連立政権はもたない。そう考えた村山首相は官僚が作成した何とも味気ない原稿を呑み込んで答弁に立った。こうして国会は乗り切ったが、九月には紛糾必至の社会党臨時党大会が待ち構えていた。

自衛隊は「戦力」にはあたらないとする政府および内閣法制局の見解に対して、前述の成田知巳の鳩山首相に対する発言に見られるように、社会党は一貫して「戦力」にほかならない自衛隊を解釈の変更によって合憲だとするやり口は、憲法の規範性を否定する「解釈改憲」だとして厳しく批判してきた。

にもかかわらず、政権入りした後、自らが「解釈改憲」の片棒を担いだことにより、社会党支持者のみならず、国民の多くがこの変節に不信感を抱いた。

九月三日の社会党の臨時党大会では、執行部から「自衛隊合憲、日米安保堅持」といった提案がなされたが、北海道、新潟、兵庫、広島、沖縄など、この案に異議を唱える三〇道県の一部代議員から「基本政策の転換に反対する修正案」が提出された。だが、大会は［二二二票］対［一五二票］でこの修正案を否決。かくして、「自衛隊合憲、日米安保堅持」が党内で正式に承認された。

一九八三年に石橋正嗣委員長が自衛隊の「違憲合法論」を提唱した後、「存在を直視する」とか「シビリアンコントロールの原則の下に厳格に運用する」とか、社会党は自衛隊に対するスタンスを徐々に変えつつあった。何のことはない、先の村山答弁が党内多数派の本音だったのだ。望む終着駅は決まっていたものの列車を乗り換える機会を得られなかっただけ。それが、村山連立政権の誕生とその維持という格好の言い訳を得て臆面もなく実行した。

だが、一年後に行なわれた参議院選挙において社会党は歴史的な大敗を喫する。結局、支持者への説明を欠き手続きをはしょった乗り換えが社会党の終わりの始まりとなった。そして、「解釈改憲」は勢いをつけて進行し、九条の本旨と実態との乖離は限界にまで拡がっていくのだった。

有事関連三法案（「武力攻撃事態法案」「自衛隊法改正案」「安全保障会議設置法改正案」）

二〇〇三年六月六日、小泉純一郎内閣の時に、自民、公明、民主、自由党などの賛成多数で「有事関連三法案」が可決・成立した。当時、北朝鮮が行なったミサイル発射や核開発、そして日本人拉致の事実などが国民の不安を募らせた。そうした空気を背景に、この法律が制定するに至ったといえるが、一方で、憲法九条によって「戦争放棄」を掲げているにもかかわらず、この法制化を機に武力保持を正当化して戦争する国になるのではと危惧する声も高まった。

いずれにせよ、自民・民主両党の合意により「有事法制」が成立したことにより、改憲派にとっての障壁はもはや「集団的自衛権の行使」のみとなった。議員の中には、これさえも「解釈の変更」によって合憲化しようと目論んでいる者もいたが、この行使については内閣法制局も「解釈改憲」では不可と言い続けていたし、野党議員もおいそれとは乗れない状況にあった。つまり、この壁を乗り越えるには明文改憲を果たすしかないと、当時は考えられていた。したがって、自民党など改憲派は、国民投票法を制定するなど、「九条・国民投票」の実施に向けての準備を整える動きに出ていた。

第一次安倍晋三政権では明文改憲を志向していたのだが、民主党にいったん政権を明け渡したあとの第二次安倍政権は、結局、集団的自衛権の行使容認という究極の解釈改憲に走った。

第5章　欺瞞の殻から脱して道理ある道へ

九条の解釈合戦はもうやめよう

戦争放棄に関する解釈については、さまざまな学説があり、過去半世紀以上にわたって、学者や政治家の世界で論争が行なわれてきた。歴代の政権は、いくつもの説の中で自分たちのとる安保・防衛政策が合憲だという根拠になる説を盾とし、社会党や共産党などは、それが違憲だと追及する際の根拠になる説を矛とした。そして、今や過去のそうした論争のテーブルをひっくり返す、集団的自衛権の行使が合憲だという説を政権は打ち出している。

主な学説

［限定放棄説］

九条一項は「国際紛争を解決する手段としては」という条件を付けているが、これは「侵略戦争」のことを指し、規定は「侵略戦争の放棄」を意味している。

二項の「前項の目的を達するため」と合わせて考えると、「侵略戦争の放棄」という目的を達するために、戦力の不保持を定めている。従って、保持を禁じられている戦力は、侵略を目的とする戦力であって、自衛のための戦力を保持することは禁じられていない。つまり自衛戦争は放棄していない。

［一・二項全面放棄説］

一項で侵略戦争を放棄しており、二項によりそれ以外の戦争も放棄している。第二項の「前項の目的」とは、「正義と秩序を基調とする国際平和を誠実に希求」することを指し、戦力の不保持を無条件に規定している。

従って、戦力を保持しない以上、自衛戦争を行なうことも、国連などによる制裁戦争に参加することも不可能である。

ただし、自衛権まで放棄しているわけではなく、「外交交渉による侵害の未然回避」「警察による侵害排除」「民衆が武器をもって対抗する群民蜂起など」は可能。

［一項全面放棄説］

すべての戦争は「国際紛争を解決する手段として」行なわれるものであり、侵略か自衛かを問わず、一項であらゆる戦争の放棄を規定している。

学者はこうした論争を今後も続けることになるのだろうが、われわれ主権者がこの先なすべきことは、どういった解釈が「正しい」のかを注視、選定することではなく、現行九条から離れて、国民が主権者として、軍隊（戦力）を持つのか持たないのか、自衛戦争をするのかしないのかを明確に示すことだ。そして、その意思に見合った憲法案を作り、主権者が自分たちの代表者である国会議員を使って「改正案を発議」させ、国民投票で決定するという道こそが、国民主権と立憲主義に適っている。

主権者が戦争や防衛について考え、議論して出した意思を憲法にどう規定するのかというのが国民主権のあるべき順序なのに、現実の順序はずっと逆だった。第1章で紹介してきた展開によって制定された「九条」がまずあって、立憲主義の観点から権力者は決してこれを侵してはならない、国民も大切にしなさいとなる。ただし、歴代の政権は、条文をいじることなく戦力保持の既成事実を作った上で、軍隊は保持できないけど実力部隊なら問題なしという解釈、自衛のためなら戦争できるという解釈、そしてついには集団的自衛権の行使もできるという解釈をして関連法制を整えてきた。究極の解釈改憲だ。

主権者・国民は自分たちだけが持つ憲法制定権を侵害されているというのに、そんな政権を四割前後の者が支持するという愚行。自分たちの主権が侵されているというのに、侵している本人を支持しますという愚かで恥ずかしい事態がもたらされているのだ。この六〇余年、「戦争するのかしないのか」「軍隊を持つのか持たないのか」について、大多数の国民がまったく考えず、議論せず、九条と実態との乖離について「大人の知恵」だと見て見ぬふりを続けてきた長年の付けが回ってきている。

これまで九条について行なわれた議論というのは、いわゆる条文の解釈合戦であり、さまざまな安保法制の解釈合戦だ。憲法なのだから、法律制定に際しては、「九条の規定では……」とか「九条に反しないように……」とかいうのは当然のことなのだが、憲法によって縛られる側の政府・権力が、集団的自衛権の行使容認という滅茶苦茶な解釈をやってしまうのだから、我々がなすべき議論は、条文の解釈合戦ではなく、「軍隊を持つのか持たないのか」「戦争をするのかしないのか」、「戦争はしないことにするなら、もし侵略を受けた場合、どう対処するのか」、そういったことを、数年以上の期間を設けて国民的議論を行ない、主権者としての答えを出すことだ。

徹底した戦争放棄を謳い、憲法に記すことは、人類史を変えるもの。それをするためには一人ひとりの国民が真剣に考え議論し確固たる決意を固めないといけない。いったい私たちの中のどれほどの人が、この七〇年の間にそれをやったというのだろう。「大人の知恵」がそうした議論を遠ざけてきたのではないだろうか。

国民投票での決着を求める声が広まりつつある

主権者としての答えをどういう方法、形で出せばいいのか。それは国民投票が最良だ。そう考えるのは私一人ではなく、そういう声が広がりつつある。例えば、社会学者の大澤真幸は、二〇一五年一月に刊行された木村草太との対談本『憲法の条件――戦後七〇年から考える』（NHK出版）の中でこう述べている。

九条に関して、私は一つ、具体的なことを提案したい。それは、国民投票です。改正する場合に国民投票が必要なのはいうまでもありませんが、改正しないという立場の人も、国民投票を求めるべきではないでしょうか。

これまで、護憲派の人は、国民投票には消極的でした。しかし、護憲をいっているだけでは、結局、現在の政府の解釈改憲を見ていても明らかなように、実質的に憲法が「改正」されてしまいます。そうだとすれば、むしろ、国民投票をして、九条を保持する意志をはっきり示したほうがよい。そうすれば、勝手な解釈によって憲法を事実上変える、などということはできなくなります。

あるいは、九条支持派は、もっと積極的に出たっていいかもしれない。つまり、九条のもっているもともとの理念をもっと純粋に強調するようなかたちの改正案を提案して、あえて国民投票で勝負に出てもいいかもしれない。

日本人は、憲法を自分のもの、自分の憲法とは思えていないような気がします。憲法は、自分たちとは疎遠なところで誰かが決め、誰かに与えられるもののように感じている。日本人は、まず、憲法を自分のものにする必要がある。そのためには国民投票が最も有効です。（二七四〜二七五頁）

大澤は、九条支持派の側から改正案を示して国民投票で勝負に出るという手もあると述べている。ただし、御本人も承知されているとは思うが、九六条に則った改憲の是非を問う国民投票においては、彼が言うような国民投票を実現させるのは至難の業となる。

なぜなら、現在、少数派である九条支持派議員が護憲的改正案を出したところで、国会発議（国民投票の実施）に必要な議員の賛成を得られないからだ。このことについては、次の項で説明する。

改憲の是非を問う国民投票の前に予備的国民投票を

日本における憲法改正の是非を問う国民投票は、憲法九六条や憲法改正国民投票法の規定に則って行なわれる。この制度においては、例えば九条改正をする場合は、改正案の提案者が、必要な数（衆議院なら一〇〇人、参議院なら五〇人）の賛同議員を得て国会審議にかけ、衆参各院で総議員の三分の二以上の賛成を得られれば国民への発議（提案）となり、その改正案の是非を問う国民投票が実施される。

一〇〇人あるいは五〇人の賛同議員がいればいいのだから、同じ条項で異なった複数の改正案が国会審議にかかることはあり得る。だが、当然のことながら、一人の議員が「改正案A」に対して賛成しながら「改正案B」に対しても賛成するということはあり得ず、総議員の三分の二以上の賛成を得て国民に発議される九条改正案は一つということになる。そして、その一つの改正案に対して主権者である国民が賛成するか否かの最終決定権を行使するのだ。議会内多数派が、自身の案のみならず、少数派の九条改正案発議にも賛成するという「協力」をすれば、複数案を国民投票にかけることができるという主張があるが、たとえ法制度的にはぎりぎりクリアしても、本来賛成していない改正案に賛成して国民への発議をなすことは、九六条の本旨に反するという疑義も生じる。

だが、そういった九条支持派の改憲案をも俎上に載せた国民投票を可能にする道がある。それを説明しよう。

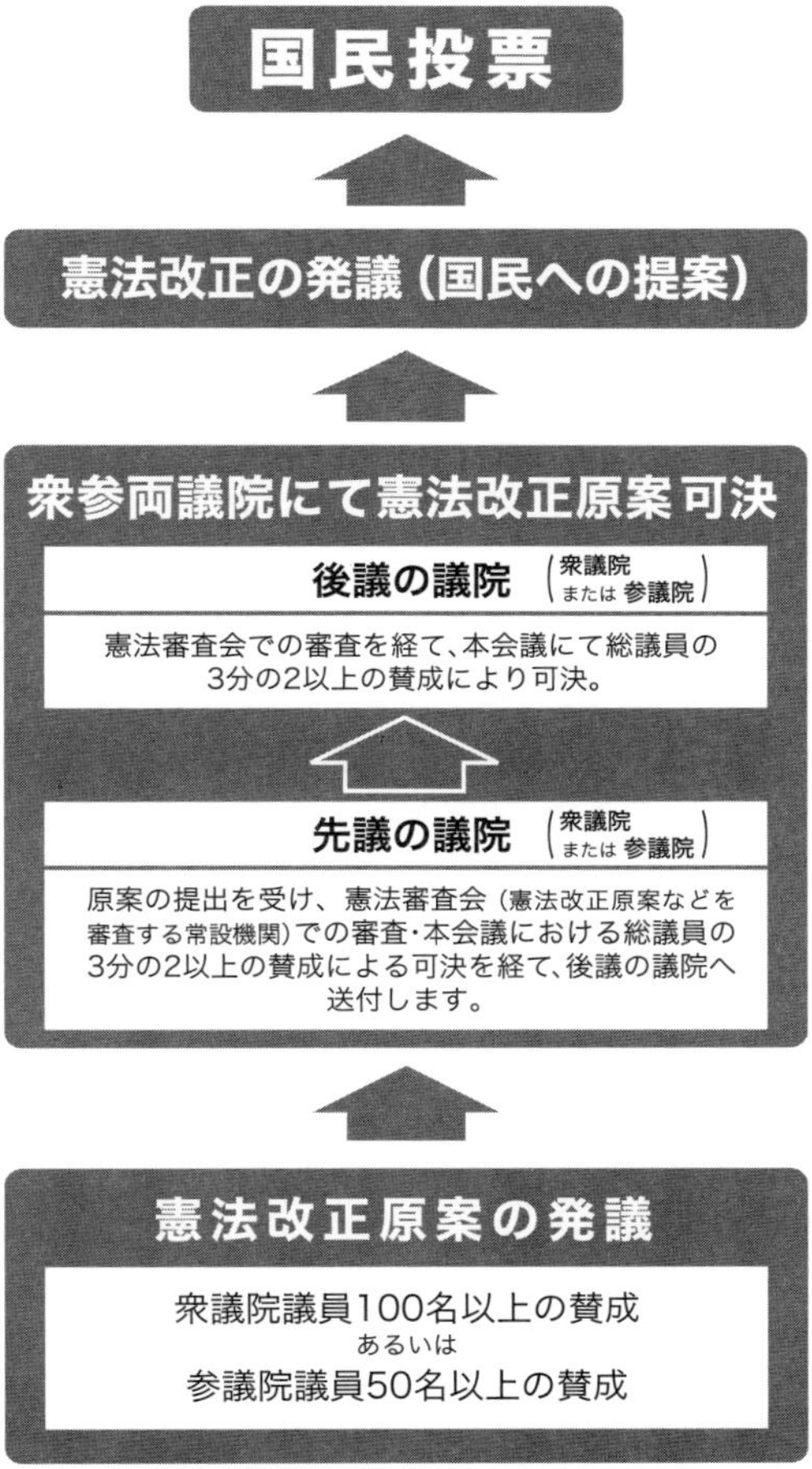
国民投票
憲法改正の発議（国民への提案）
衆参両議院にて憲法改正原案可決
後議の議院（衆議院 または 参議院）
憲法審査会での審査を経て、本会議にて総議員の3分の2以上の賛成により可決。
先議の議院（衆議院 または 参議院）
原案の提出を受け、憲法審査会（憲法改正原案などを審査する常設機関）での審査・本会議における総議員の3分の2以上の賛成による可決を経て、後議の議院へ送付します。
憲法改正原案の発議
衆議院議員100名以上の賛成
あるいは
参議院議員50名以上の賛成

二〇一五年夏の現状では、各院三分の二以上の賛成を得ての改正案発議をなせるのは、自民党を中心とした連合以外にない。ということは、九条について、さまざまな立場からいろいろな改正案が作られ示されたとしても、自民党を中心とした九条改正案以外の案が国民投票にかけられることは制度上不可能なのだ。だから、例えば前の章で紹介した丸山眞男らの「九条改正案」と自民党改正案のどちらがいいかを主権者が決める国民投票をやることはできない。

ただし、憲法九六条や憲法改正国民投票法の規定に則らないやり方ならできる。法的拘束力を持たない諮問型・助言型の国民投票だ。

諸外国の国民投票制度においては、一つの政府案、あるいは一つの国民発議案に対して賛成か反対かを国民に問う国民投票のほかに、政府・議会側が三つ、四つの案を主権者に示して投票に付す方式がある。例えば、一九八〇年にスウェーデンで実施された「原発・エネルギー政策」を問う国民投票では、議会は三つの案を国民に示し、どの政策にするかの選択を求めた。

「第一案＝原発容認・現状維持案」（与党の保守党および経済界・産業界などが支持）
「第二案＝条件付き原発容認案」（与党の自由党、野党の社民党および労働組合などが支持）
「第三案＝原発反対・廃止案」（与党の中央党、野党の共産党および環境保護団体などが支持）

このスウェーデンでの国民投票も諮問型で実施された。この方式の国民投票であれば、日本でも、複数案のどれがいいかを選ぶ投票をやれるのだ。

そのことは、二〇〇七年に制定された憲法改正国民投票法の附則一二条に、「**予備的国民投票**」※という名で盛り込まれており、どういった事柄、案件がこの国民投票に該当するのかについて明記してある。

①　憲法改正を要する問題

（最終的には憲法改正国民投票の対象となるような事項について、予備的に民意の動向を探ろうとする場合）

②　憲法改正の対象となり得る問題

※「**予備的国民投票**」　二〇〇七年に成立した国民投票法に基づいて実際に国民投票を実施する前に済ませておくべき「三つの宿題」として同法附則が定めたものは、①一八歳選挙権実現等のための法整備。②公務員の政治的行為に関する法整備。あと、中長期の課題として、③憲法改正以外の国民投票制度の検討。この③の中に「予備的国民投票」が盛り込まれているのだが、憲法改正国民投票法の審議・制定の際にも深くかかわった現・衆議院法制次長の橘幸信は、Ｖｏｔｅｒｓ二一号（二〇一四年八月）の中で、その点についてこう解説している。「『憲法改正を要する問題』や『憲法改正の対象となり得る問題』（例えば、女性天皇問題などは、皇室典範（法律）の改正で対処可能であるが、同時に憲法改正の対象ともなり得る）に関して、正式の憲法改正の発議をする前の段階で、予備的あるいは諮問的に国民投票に付して民意を確かめる制度について、『その意義及び必要性の有無について、日本国憲法の採用する間接民主制との整合性の確保その他の観点から検討を加え、必要な措置を講ずるものとする』とされていた。〈中略〉（二〇一四年の改正に際して）この宿題については、これまでも憲法審査会等で、一定の検討はなされてきたものであるが、今後より精力的な検討を進めるという趣旨で、改めて、『その意義及び必要性について、更に検討を加え、必要な措置を講ずるものとする』旨の検討条項が改正法附則に設けられた。」

新たな「憲法九条」をどういったものにするのかは、まさにこれにあてはまる。九六条に則った「一つの改正案」の是非を問う国民投票を実施する前に、スウェーデンのように政党や市民グループが連合して作った案を、二つもしくは三つ示して、どれがいいかを主権者に訊ね、その結果（有効投票の過半数を制したものを尊重、決選投票あり）を参考にした「九条改正案」を、衆参各院が一致して発議するという手順を踏むことが最良だと私は考える。

例えば、三つの案で競う場合、具体的に想定されるのは、

［第一案］現行の条文（共産党、民主党の一部、九条の会、行脚の会などが支持）
［第二案］自民党中心の改正案（自民、維新、民主の一部、財界などが支持）
［第三案］本書四七頁表のEグループの改正案（民主の一部、市民グループが支持）

この予備的国民投票において、それぞれの案は、自分たちが推す案が採用された場合、次の点に関してどうなるのかについて、国民に明確にしなければならない。（条文とそれに添える解説文によって）

［イ］軍隊（戦力）を持つ？　持たない？

［ロ］集団的自衛権を行使する？　しない？

［ハ］自衛のための戦争ならする？　しない？

［ニ］自衛戦争をする場合、自国の領土、もしくはその周辺に限っての交戦？　他国の領土にまで及んでの交戦？

そうすると、それぞれの違いはこうなる。

［第一案］は、［イ］持たない　［ロ］しない　［ハ］しない
［第二案］は、［イ］持つ　［ロ］する　［ハ］する　［ニ］他国の領土にまで及ぶ
［第三案］は、［イ］持つ　［ロ］しない　［ハ］する　［ニ］自国の領土と周辺に限る

それぞれの案の条文は次のようになる。

第一案 現行九条
日本国民は、正義と秩序を基調とする国際平和を誠実に希求し、国権の発動たる戦争と、武力による威嚇又は武力の行使は、国際紛争を解決する手段としては、永久にこれを放棄する。 ２　前項の目的を達するため、陸海空軍その他の戦力は、これを保持しない。国の交戦権は、これを認めない。

第二案
自民党案

（平和主義）

日本国民は、正義と秩序を基調とする国際平和を誠実に希求し、国権の発動としての戦争を放棄し、武力による威嚇及び武力の行使は、国際紛争を解決する手段としては用いない。
二　前項の規定は、自衛権の発動を妨げるものではない。
（国防軍）

我が国の平和と独立並びに国及び国民の安全を確保するため、内閣総理大臣を最高指揮官とする国防軍を保持する。
二　国防軍は、前項の規定による任務を遂行する際は、法律の定めるところにより、国会の承認その他の統制に服する。
三　国防軍は、第一項に規定する任務を遂行するための活動のほか、法律の定めるところにより、国際社会の平和と安全を確保するために国際的に協調して行われる活動及び公の秩序を維持し、又は国民の生命若しくは自由を守るための活動を行うことができる。
四　前二項に定めるもののほか、国防軍の組織、統制及び機密の保持に関する事項は、法律で定める。
五　国防軍に属する軍人その他の公務員がその職務の実施に伴う罪又は国防軍の機密に関する罪を犯した場合の裁判を行うため、法律の定めるところにより、国防軍に審判所を置く。この場合においては、被告人が裁判所へ上訴する権利は、保障されなければならない。

第三案 四七頁表 Eグループのもの	日本国民は、正義と秩序を基調とする国際平和を誠実に希求し、侵略戦争は、永久にこれを放棄する。 二　わが国が他国の軍隊や武装集団の武力攻撃の対象とされた場合に限り、個別的自衛権の行使としての国の交戦権を認める。集団的自衛権の行使としての国の交戦権は認めない。 三　前項の目的を達するために、専守防衛に徹する陸海空の自衛隊を保持する。 四　自衛隊を用いて、中立的立場から非戦闘地域、周辺地域の人道支援活動という国際貢献をすることができる。 五　七六条二項の規定にかかわらず、防衛裁判所を設置する。ただし、その判決に不服な者は最高裁に上告することができる。 六　他国との軍事同盟の締結、廃棄は、各議院の総議員の三分の二以上の賛成による承認決議を必要とする。 七　他国の軍事施設の受け入れ、設置については、各議院の総議員の三分の二以上の賛成による承認決議の後、設置先の半径一〇キロメートルに位置する地方公共団体の住民投票において、その過半数の同意を得なければ、これを設置することはできない。

主権者である私たち自身が、軍隊を持つのか持たないのか、戦争をするのかしないのかを、今ある九条の解釈合戦に囚われることなく議論した後、この予備的国民投票を実施する。そこで出た結論（有効

投票の過半数を制する案、決選投票あり)を尊重し、その意思を反映させる新九条案を作り、正規の「九条改正案」として発議すべきだ。そして、それを今度は九六条に基づく改憲の是非を問う国民投票にかける。これが、国民主権と立憲主義に適った決着の付け方だと考える。

現行九条護持派の限界

中世から数えて、これまでに世界中で計二〇〇〇件を超す国民投票が行なわれているのだが、日本では、憲法に関するものはもちろんそれ以外の一般的な案件に関しても、まだ一度も国民投票を行なったことがない。つまり、経験者がいないということだ。それだけに、大半の国民は選挙との違いについてきちんと理解していない。ここでは、特に重要なポイントについていくつか解説する。

そもそも選挙と国民投票・住民投票の決定的な違いは何か。選挙は、政治・行政に関するさまざまな事柄を自分に代わって決める議員や首長を選ぶもので「人を選ぶ」ことになる。一方、国民投票・住民投票は「事柄の選択・決定」を議員や首長に委ねず自分自身で行なう。前者は「間接民主制」、後者は「直接民主制」と呼ばれる。

それで、前掲の三つの案を国民投票にかけるとして、この国民投票を現行の国民投票法に準じたルールで実施するとなると、どのようなものになるのかについて説明する。

一　三つの案について、その内容や賛否両派の意見などを載せた公報（説明書）が全戸または全有権者に配布される。

二　自分たちの案への投票を訴えて各陣営が運動を展開する。公職選挙法は適用されないので、選挙と違ってかなり自由に運動ができる。戸別訪問は禁じられていないし、ビラやポスターは無制限に配布、掲示できる。街頭での訴えも（一部の公務員を除いて）誰もが自由にやっていい。新聞の意見広告は制限なし。テレビの広告放送（スポットCM）は期日前投票の開始日から禁止となるが、その前までは規制がない。集会や公開討論会の開催も一切制限はなく、市民グループや報道機関などが自由に開催できる。

賛否を訴える運動、キャンペーン合戦は、このように自由にやれるのだが、肝心なのは、主権者がどれだけ理性的な判断をするかということ。感覚や雰囲気で賛否を決めるのではなく、案件に対する深い理解が求められる。

スイスを筆頭に、世界各国の国民投票においては、賛成多数ならどうなるか、反対多数ならどうなるかを、結果に伴って必要となる法改正を含め、投票後のビジョンを（政府・議会および賛否両派が）具体的に示した上で国民に賛否を問うている。

自民党案［第二案］については、好戦的ではあるが、彼らの目指す国家、防衛について、国民は具体的なイメージを浮かべることができる。要するに、正規の軍隊を保持して集団的自衛権の行使も含めた自衛戦争をやるというものだ。これに対して現行九条護持派は、国民投票で自分たちが勝った場合の「ビジョン・未来像」を明確に示していない。

「護憲派の方は現状維持なのだから、そんなビジョンを示す必要も義務もない」という反論が聞こえてきそうだが、それは違う。戦後七〇年の間に解釈改憲が積み重ねられてきた今日の日本にあって、「九条護持＝現状維持」と言われても、その現状とはどういう国家・社会のことを言っているのかは実に曖昧だ。自衛隊を戦力とするのか否か、交戦（自衛戦争）を認めるのか否かという最も重要な点についても、九条護持派の中にはいろいろな意見がある。そうした意見の混在は責められることではないが、国民投票になれば、改憲派はその点を「曖昧だ、不明確だ」と厳しく突いてくる。

［自民党の改正案拒否＝現行九条護持］という選択が、軍隊（戦力）を持たず、自衛戦争もしないことを意味するのか？ そうであるなら、どのようにして日本国民の生命や財産をまもるのか？ 護憲派は投票権者である国民に明快な説明ができなければ、国民投票で多数を制することはできない。

「いや、我々は自衛隊の存在は認めるし自衛戦争も認める」と言うのであれば、それに対応する改正案を出すべきで、解釈改憲状態の存続は、立憲主義をまもるという点で弱いし、曖昧な姿勢・説明では国民の支持を得られない。現行九条護持派は自分たちが国民投票で多数を得たらどうなるのか具体的に打ち出すべきだし、そのためにはまず、安保・自衛隊の問題を詰めて、自陣の中で意見を一つにまとめる必要がある。

しかし、彼らにとってこの作業は容易ではない。安保・自衛隊は廃止すべきと考える人々と、その必要はないと考える人が共存する状況下にある現行九条護持派としては、「護憲派が勝てば、安保・自衛隊存続も含めて現状維持」と言えば勝てるが、安保・自衛隊について廃棄や解散・改編を打ち出せば、大半の国民はそっぽを向くだろう。

私は、現行九条護持派にそうしたことを伝えたが、彼らの反応は鈍い。今後、国民投票に際して、「九条の会」などが前述の弱点を乗り越え、多数票獲得のための有効な策を練るとは、到底思えない。彼らは、今後も「憲法改悪・国民投票反対」と叫び、改憲派に国会発議に必要な三分の二の勢力をとらせないために、選挙では護憲派候補に投票を、というこれまでの主張を踏襲するに留まるだろう。

そして、このまま、現行九条か自民党の九条改正案かの二者択一となると、好戦的な自民党の改正案が国民の多数の支持を獲得しかねない。それでは、九条はもはや九条ではなくなり、七〇年間掲げてきた「平和主義」の看板は下ろさなければならなくなる。仮に自民党の改正案が否決されたとしても、解釈改憲による「専守防衛の自衛ではない」戦争に突入する可能性は残る。

そうした事態を防ぐために考えたのが、厭戦派の側から九条改正の「第三の案」を提示することだ。一四九頁の「第三案」は、四七頁の表の中の「Eグループ」の人々の意見・考えを汲みとる形で私がまとめたものだ。この案に盛り込まれた内容は、今の多くの日本人の思いや願いと合致しているのではないだろうか。万が一、どこかの国・組織から侵略・攻撃されるようなことが起これば仕方なく応戦する。その場合に行使される戦力としての自衛隊の存在も認める。ただし、年がら年中どこかの国と戦争をしている米国がらみの戦争や紛争に関わったり巻き込まれたくはない。個別的自衛権の行使だけで十分で、戦争は極力避けたい——これが多数派の考えだと思う。

また、沖縄・辺野古に関する報道を見聞きした人の中には、（自分たちが選出した国会議員によって構成されている）政府から長年にわたって差別的な扱いを受けている沖縄の人々に対する自身の罪、責任というものを感じ始めている人も少なくなく、こうした差別や悲劇を断つための一項を憲法に明記することに、一定の理解や共感を得られるものと考えている。

なお、ここで記してある「当該自治体での住民投票による住民の同意・承認」という考えは、憲法九五条※の理念と同じものだ。

※**憲法九五条（特別法の住民投票）** 一の地方公共団体のみに適用される特別法は、法律の定めるところにより、その地方公共団体の住民の投票においてその過半数の同意を得なければ、国会は、これを制定することができない。

国会の多数派が決めず国民投票で決着を

〇六年の第一次安倍晋三政権において、安倍首相は明文改憲としての「憲法改正」を前面に押し出した。明文改憲は、改正案に賛成する議員がたとえ国会で大多数を占めようが、彼らにできるのは「改正の発議＝国民への提案」のみ。改憲するか否かは、憲法制定権者である我々の国民投票によって決まる。ならばこそ、できる限り国民投票のルールをいいものにしようと、私は弁護士や学者・評論家らと共に「真っ当な国民投票のルールを作る会」という市民グループを結成し、国民投票法の市民案を作成した。そして、それを法案に反映するよう与野党に求めると同時に、憲法調査特別委員会の理事を務める各党議員らに登壇を要請し、東京、大阪で公開討論会を開催したりもした。

また、私個人も衆参両院の憲法調査特別委員会に「参考人」「公述人」として五度にわたり招致され、諸外国の事例を具体的に紹介しつつ、あるべき国民投票のルールについて解説した。こうして、〇七年に制定された国民投票法は、投票日の二週間前（期日前投票の開始）までは無制限にテレビCMを流せるなどの問題点があるものの、戸別訪問はOK、選管が認定した証紙や「街頭演説旗」などを必要とせず、無制限にビラまき、ポスター貼り、街頭での訴えができる。このように現行の公職選挙法に比べて劣る点はなく、個人がはるかに自由な運動を行なえるルール設定になっている。

あとは、賛否両派のキャンペーン合戦や国民が考え、議論する時間を十分とって投票に臨むということであり、もし衆参各院で安倍政権が三分の二の改憲派議員を確保できるなら、九条改正案を作ったのち改正の発議をして我々主権者の意思を確認すればいい。そうすれば、可否どちらになろうが立憲主義と国民主権はまもられると考えていた。

ところが、まもなく安倍首相は辞職し、二年後に民主党政権が誕生する。それにより「九条改正発議」の機運は一気にしぼんだ。だが、二〇一三年の自民党の政権奪取、安倍政権の復活で、またもや「改憲」がただのスローガンではなく具体的な政治課題となった。だが、再び首相の座についた安倍晋三が行なったのは、「各院三分の二以上の議員の賛成による国会発議→国民投票による承認」という改正手続きを遵守する明文改憲ではなく、手続きを無視して立憲主義を排す究極の解釈改憲だった。

「持ってはいるが（九条があるので）行使しない」という歴代の政権が踏襲してきた憲法解釈をがらりと変えての集団的自衛権の行使容認。安倍政権は、強引にこれを行ない、それに基づいた安保法制を敷こうとしている。

護憲派が九条の条文を護ったところで、権力は条文に囚われず、都合のいい解釈をして自衛隊を動かし戦争をする——一二年前、私は、拙著『「憲法九条」国民投票』（集英社、二〇〇三年）でそう警告したが、このままではその通りになりそうだ。

これまで、何度となく説明してきたが、自衛を含めあらゆる戦争をしない、軍隊を持たないというのが九条の本旨だ。にもかかわらず、いつの間にか、「護憲派」の大半の人が、安保も自衛隊も自衛戦争も容認する、それは九条に反していないとなり、（自衛隊、自衛戦争の可否については論争せず）とにかく九条の条文をまもるという点で一致して、改憲派に対峙しましょうということになった。日本人は、憲法制定からこれまで、条文をまもる努力はしてきたが、この九条の本旨・精神を尊び、覚悟を決めてこれをまもり遂行する努力はしてこなかった。

今回、安倍首相をはじめとする自民党の好戦派にそこを突かれたわけで、我々は、小手先の対応ではなく、徹底した国民的議論、決断を迫られている。

それは、いかようにも解釈されてしまう九条の条文をまもる、まもらないという議論ではなく、先ずもって、自衛戦争をするのかしないのか、軍隊を持つのか持たないのかを、何年もかけて本気で議論し、その結論を（改憲の是非を問う国民投票の前の）予備的国民投票にかけ、結果がどういうものになっても、それを正確に反映し、歪んだ解釈ができない条文を「憲法制定権者」たる我々主権者の手で制定し直すしかないと考える。

ポツダム宣言受諾後、連合国最高司令官ダグラス・マッカーサーの強い指示、政治的思惑で制定された憲法九条は、戦争という暴力を否定する社会を目指すもので、人類史を大転換させる理想中の理想だった。こんな理想を戴くには、戴く側に「深い理解」と「命がけの覚悟」がなければ無理なのだが、その理想について、この六〇年余、私たち主権者・国民が十分な議論をなさず、この理想を遂行する覚悟をもった者はほとんどいない。

なのに、無理なものを形の上だけ（条文として）残したまま、「違憲じゃないよ」という体裁を施すための無理な解釈を重ねてきた。その極みが集団的自衛権の行使容認だ。九条は「亡骸《なきがら》」になりつつある。それは、この理想について、解釈の仕方ではなく本質的な議論も理解も覚悟もなかったことから行き着いた当然の帰結だ。

憲法制定時にマッカーサーらと対立していた極東委員会は、「（たとえ内容がよくとも）日本国民自身がこの憲法について十分に理解、議論し、自らが主体的に定めることが重要で、それがなければ、もたない」と警告した。七〇年遅れになったが、一からその作業を始める覚悟で足を踏み出さないと、この国の憲法、立憲主義は、「もたない」のではないか。

欺瞞の殻から脱して真っ当な道へ

見過ごせないのは、安保・自衛隊を違憲だと考える学者（九条本旨派）が、前述の解釈改憲派＝条文護持派の主張を以前のように批判しなくなったという事実だ。理由は簡単、本旨派としては明文改憲に反対する点では解釈改憲派＝条文護持派と一致できる。だから批判を控え、手を結ぶ道をとっているのだ。

それをとてもわかりやすく示している一文があるので紹介したい。〇七年三月に出版された『我、自衛隊を愛す　故に、憲法九条を守る　防衛省元幹部三人の志』。この版元である「かもがわ出版」の編集部はこの本の「はじめに」の中でこう記している（カッコ内は筆者による補足）。

（憲法九条を守ろうという運動に参加している）人びとは、九条を守るということでは一致していますが、他の問題では必ずしも意見が同じわけではありません。

〈中略〉

そのなかでも、自衛隊をめぐる問題は、とりわけ意見の違いが大きい分野です。九条への熱い想いは同じでも、自衛隊・軍隊を全否定する九条論もあれば、九条は自衛権と自衛隊を当然のこととして認めているという立場もあります。それでも、九条を守ろうという運動がどんどんひろがっているのは、自衛隊についての立場の違いが脇に置かれているからです。

〈中略〉

九条を守ろうとする人びとに求められているのは、自衛隊に対する立場の違いを尊重し合うにとどまらず、お互いの立場をさらに深く理解することにより、さらに強固で、信頼にあふれた協力関係を築いていくことではないでしょうか。

「自衛隊・軍隊を全否定する九条論もあれば、九条は自衛権と自衛隊を当然のこととして認めているという立場も」あるが、その違いは脇に置くべしと彼らはいう。本質的な問題なのになぜなのか。それは、近年、彼ら九条本旨派が道理ではなく運動論優先で行動しているからだ。今は持論を押し出して解釈改憲派の批判をしているときではない――彼らはそう考え、明文改憲を阻む運動が勝利するための戦略として、前述四七頁の「Bグループ」の人たちとの相違点を脇に置いているのだ。

この十数年、護憲派の論客の多くがそういう姿勢をとっているが、果たしてそれでいいのだろうか。これでは、国民の多くが九条について誤った理解をするのは当たり前だ。この「自分たちの都合」による議論封じが、事の本質から国民を遠ざけている。私たちは九条を持ちながら自国と人類の未来に関する哲学やそれに基づく具体的なアイデアを醸成する営みをまるでなしていない。

軍備と戦争放棄に関する本質的な議論を重ね、「自衛のための戦争を認めるのか否か」、「戦力を有した自衛隊を認めるのか否か」について、私たち主権者が明確な意思を示す。そして、その意思どおりの防衛体制をとらせることが「シビリアンコントロール」の真髄であり、私たちに明確な意思がなければ、政治家や制服組が勝手な憲法観を語り行動する隙を与える。そして、自衛隊の違憲性や違憲行為といった病は根治されずに進行し、自衛権の行使だとして戦争に突入する現実性がいっそう高まるだろう。

九条から離れて考えよう

そうした議論回避、思考停止の流れを堰き止めるために何をなすべきなのか。九条にこう記してある、記してあることをこう解釈する、だから自衛戦争は「可能だ」「不可能だ」――その応酬に意味がないとは言わない。ただし、もっと大事なのは、そこからいったん離れて、一人ひとりの国民が主権者として、あらゆる戦争を放棄するのか、自衛戦争ならやるのかについて、悩み考え話し合い、自身の結論を出すことだ。軍隊を持つのか持たないかは、その結論を出すことでおのずと決まる。

そうした根源的な問いかけに対する答えを基にして、安全保障、軍備のありようについて定め、その主権者の意思を反映した憲法を制定するのが国民主権の道理ではないか。初めに九条ありきではなく、平和主義を、国家として市民としてどう具体化するのか。主権者である国民がその結論を出さず、今や、「いかようにも解釈自由」といった状態になっている九条に依存しても意味がない。戦争放棄の問題や九条と安保・自衛隊との関係を「大人の知恵」だと言ってぼやかしたりせず、この問題に正面から向き合うこと。そして、六〇年余り続けた問題の先送りに終止符を打ち、主権者の意思によって根本的な決着をつけなければならない。

鶴見俊輔（哲学者）の国民投票観

ここまで私は、「憲法九条」国民投票の活用を懸命に説いてきたが、おそらく護憲派（条文護持派）の多くは頑なに国民投票の実施を否定し続けると思われる。なので、鶴見俊輔（哲学者）の考えを紹介しておきたい。
「九条の会」の呼びかけ人の一人でもある彼は、今から一七年前に「九条改正の是非を問う国民投票の実施」について、こう語っている。実に含蓄が深い（朝日新聞一九九八年二月四日夕刊「私の憲法　国民投票を恐れないで」）。

――いまの憲法をどう思われますか。

そりゃ、いい憲法ですよ。でも、残念ながら英文の方がよい。

――ということは。

草案のなかに「オール・ナチュラル・パーソンズ（すべての自然人）は尊重されるべきだ」とあった。私生児も、外国人も、何人も尊重されるという、素晴らしい精神なんだ。でも、削られた。これは世界を前に進める偉大な知恵だったんだ。

――その精神を憲法に生かすにはどうしたら良いですか。

憲法改正に関する国民投票を恐れてはいけない。その機会が訪れたら進んでとらえるのがいいんじゃないかな。護憲派が四対六で負けるかもしれない。それでも四は残る。四あることは力になる。そう簡単に踏みつぶせませんよ。もし、改正するならあの精神の方向へ押し戻したいですね。

――それで護憲がほんものになると。

そう。護憲、護憲といっているが、それは四十年以上も前に終わった占領時代を、いまも当てにしていることでしょう。進歩派がそこによりかかっているのは、おかしいんじゃないの。だからいまの護憲ははりぼてなんだ。

――なぜ、はりぼてになったのですか。

戦前も議会や裁判所があり、法律もあったのに、軍国主義に利用されて戦争を推進した。それが戦後になって「自分は民主主義者だ」とか「戦争に反対していた」などと言い始めたが、そういえるのは獄中にいたわずか数人だけだ。それ以外の人がいくら護憲と叫んでも、はりぼてなんだ。

戦争を終わらせるのに米軍の力は大きかったが、忘れてならないのは昭和天皇が意志を行使して戦争を止めたことです。天皇に戦争責任があることは確かだけれど、戦争を止めるという決意を表明した事実もまた認めなくてはなりません。自己の責任として戦争を終わらせたこと、戦争防止に個人の意志や行動が力を持つということを示した点に、戦後の民主主義につながる細い道がある。それを天皇が意志の行使をしなかったかのごとく考えるには欺瞞がある。

――ではいまの憲法も、はりぼてですか。

どこの国でも民主化の動きはある。デモクラシーはユートピアであることを忘れては困る。ところが憲法が国会で成立した途端に憲法に寄りかかり、民主主義は成立したと考えた。民主主義は成立したのではなく、われわれが向かう目標としてあるものなんです。「人民による、人民のための、人民の政府」。こんな政府は世界のどこにありますか、ない。しかし、それに向かって歩みたい。民主主義はパラドックスを含んでいるんです。

――憲法の弱さはそこにあるというわけですか。

運動としての民主主義はある。その運動はだれが担うのか。担い手なしで国家が決めてしまう。これでは二重の委託になる。一つは原理への委託です。原理を納得すると、それに寄りかかれると思い込んでしまう。もう一つが国家への委託です。私的な信念によって支えられてはいない。原理はもろいし、委託なんてできるものではない。日本の教育は、この原理への委託を教えているんです。だから国民投票して私への信念を試すんですね。私は「護憲」に投票しますが、原理と国家への委託はしない。……

あとがきに代えて

今から一二年前の二〇〇三年一〇月に、私は『「憲法九条」国民投票』(集英社)を上梓したのですが、昨年、それが絶版となりました。五つの章で構成されたこの本の第一章は、「限界まできた『解釈改憲』」、第二章は「『解釈改憲』の歴史」。まさに、いまの政治状況にぴったりの内容なのに、人々に読んでもらえないことが惜しく、この二つの章を生かしながら、新たな本を作ることにしました。それが、この『解釈改憲＝大人の知恵』という欺瞞」です。

この本には転載しませんでしたが、『「憲法九条」国民投票』の冒頭、私はこんなふうに記していました(やや感情的に書き綴っているように見えるかもしれません。あの当時から、解釈改憲は絶対に許してはいけないと考えていた私は、自分の周りの護憲派の人々がみな、「九条の条文を改めないんだから、解釈改憲は別にいいんじゃない」とさらりと言ってのけることに対して、疑問のみならず怒りさえ抱いていたのです)。

九条・国民投票の実施。こう言うと、決まって「九条護憲派」の側から非難の矢が飛んで来る。日本国憲法には、すでに「陸海空軍その他の戦力は、これを保持しない」という明確な定めがある。にもかかわらず、国民投票を実施すべしと言うお前は、「九条」を葬り去ろうとする連中の走狗だ。

このままの平和主義でいい。国民投票なんてやる必要はない。余計なことを言うな。

そう言われる「九条護憲派」の方々に伺いたい。日本政府は憲法九条の定めどおり軍隊の「不保持」を履行しているのか？　答えは「していない」。日本には自衛隊という名の軍隊が存在するのだから、答えは当然こうなる。「(軍隊を)保持しない」という条文があっても軍隊は存在する。あなた方は、現実はどうあれ条文さえあればそれでいいのか？　この条文（規範）と実態との大きな乖離に問題を感じないのか？

九条護憲派の方々はこう言うだろう。

「憲法の条文から乖離している実態を、条文の方へ近づける努力をしていくことこそが大切である……」

では、条文と実態との乖離を縮小したりなくしたりすることが、現状の立法・国会の場において可能だと言われるのか？

一二頁のグラフのとおり、この半世紀の間に乖離はどんどん拡がっており、各党の今後の勢力展開を予想すれば、この乖離がにわかに縮小することなどあり得ない。言い換えるなら、少なくともこの先数年は、乖離を縮小させるために働く議員が国会で多数を占めることはない。それを承知で、「憲法改正国民投票法」の制定を阻止して九条護憲派の議員を応援すれば、半世紀にわたって立法府が拡大してきた乖離が埋まったり、内閣法制局が「自衛隊や日米安保、周辺事態法は違憲」と見解を変えたりすることがあり得るかのように思わせるのは詐欺的ではないか。

もはや条文と実態との乖離を縮小したりなくしたりできるのは国民のみ。国会や内閣や裁判所にはそれを為すことはできない。主権者による国民投票の結果だけが「国家意思」としてそのことを為せるのだ。少なくとも、日本国憲法の規定に則れば。

にもかかわらず、九条護憲派の人々は国民投票の実施に否定的な姿勢をとる。なぜか。

保持してはならない軍隊(自衛隊)が存在するという問題はあるけれど、このままでいい。国民投票を避け「明文改憲」さえ阻めば、たとえ「解釈改憲」で九条の生命を奪われても条文という亡骸だけは遺すことができる。亡骸さえあれば何とか「平和主義」の看板を下ろさないで済む。しかし、国民投票をやって、もし軍隊保持の九条改正に賛成する票が多数を占めれば「明文改憲」が為され、亡骸さえ灰になる。そんな事態は絶対に回避しなければならない。負けるかもしれない危ない橋は渡らず、何とか国会で三分の一の議席を確保し憲法改正の発議ができないようにしよう。

これが、「九条・国民投票」を阻止すべしという九条護憲派の人々の本音だ。

他方、九条を否定したい面々も護憲派と同じく国民投票での決着を避けてきた。軍隊を持ち、これを増強して海外に出動させるには、憲法九条を「軍隊保持」と改正するのが最も正当でわかりやすい。しかし、改正は容易くはできない。憲法改正の国民投票を行うための議員発議の要件となっている「衆参両院の総議員の三分の二以上」の賛同者を得るのはかなり難しいし、たとえそれを果たせたとしても国民投票で勝てるとは限らない。それに、こんなことを言い出して国民の反発を食らってしまうと閣僚の椅子が遠ざかる。つまり、国民投票による「明文改憲」の提唱は真っ当ではあるが得策ではないということだ。それよりも憲法九条の文言には一切触れずに「解釈改憲」を進め、九条を骨抜きにするいろいろな法律を制定してしまえばいい。これが、九条を否定したい解釈改憲派が長年とってきた策略である。

どうでしょうか。この一二年間の動きは、この一文で予測、警告した通りの展開となっています。これは、私に人並み以上の洞察力があったということではなく、少し冷静に考えれば、誰だってこうした流れを容易に見通すことができました。

ここまで解釈改憲が進んでしまったこの段階で、私たちがやるべきことは何か。立憲主義をまもるために、各人の防衛観の違いを超えて、とにかく解釈改憲に歯止めをかけ、これを完全に解消することを図るべきだと考えます。

現行九条の本旨は自衛戦争さえ放棄するという徹底した平和主義。それは「殺されても、殺さないという峻厳な自己犠牲」を伴うものですが、私個人のことを言えば、五〇年以上ずっと、友人たちから「九条原理主義者」とよばれるほど九条の本旨と実態との乖離を許さず、（九条ではなく）違憲状態の現実を改めるべしと主張してきました。今でもその思いは変わっていません。しかしながら、多くの国民に「たとえ自衛であっても戦争はしない」という覚悟がないのなら、主権者として、自分たちの意思を反映した憲法を制定し直すしかありません。

自衛隊員に「人を殺したり、自身が殺されたり」の交戦をさせることを認め、強いておきながら、「大人の知恵」で彼らの存在や活動の憲法的根拠を曖昧にするというのは、人を人として扱わないヒューマニズムに反する姿勢で、憲法が謳う基本的人権の尊重にも反します。

「解釈改憲解消＝立憲主義の立て直し」のための憲法改正。まずはこれをなすべきというのが私の結論です。そういう考えに対して、条文護持派の方々は「そんなことは許さない、条文は一言一句変えさせない」と駄々をこねてはいけない。「軍隊をもたず、自衛戦争でさえしない」という九条の本旨を大多数の主権者に理解・支持してもらい、自己犠牲の覚悟をもつ国民を増やす努力を怠り、単に条文を護持することにエネルギーを注ぎ「大人の知恵」だと曖昧にしてきた自分たちの行いを省みるべきではないでしょうか。長年ためこんだその「付け」を支払い、解釈改憲状態を解消して、立憲主義と国民主権を立て直さなければならない。その上で、改めて、「絶対平和主義の峻厳な責務を引き受ける覚悟」をもった私たち日本の主権者の意思で、「軍隊を保持しない、自衛でも戦争はしない」ということを明確な記述で盛り込んだ憲法を制定し直すしかないのです。

七〇年の間に亡骸にしたものをすぐさま蘇生することはできません。一〇〇年先、二〇〇年先になるかもしれませんが、あきらめてはいけない。自分たちが、日本人が「人類の非戦の未来」をリードするのだという気概を持ち、野蛮・未開・文明と進みながらも「戦争」が絶えない人類史を大きく転換する先駆けとなりたい。そのために、ジャン・ジオノが描いたような『木を植えた男』の一人になろうと私は考えています。

今回、私はこの本の中に自らの思いや考えを、誰に遠慮することもなく存分に記しました。護憲派を厳しく批判する本を出してくれる護憲派の出版社・編集者は稀有で、あきらめていたところ、快く引き受けてくれたのが現代人文社であり北井大輔さんでした。敬意と謝意をここに刻みます。

今井 一

二〇一五年七月一六日　違憲の安保関連法案、衆院採決の日に

主な参考文献一覧（文中で紹介・明示したものは除く）

［書籍］

毎日新聞社論説室編『憲法改正　是か非か』（毎日新聞社、一九五六年）
ジョージ・H・ブレイクスリー（土屋正三訳）『日本の新憲法と極東委員会』（憲法調査会事務局、一九五六年）
ダグラス・マッカーサー（津島一夫訳）『マッカーサー回想記』（朝日新聞社、一九六四年）
江藤淳『一九四六年憲法―その拘束』（文藝春秋、一九八〇年）
小林直樹『憲法第九条』（岩波書店、一九八二年）
五百旗頭真『米国の日本占領政策』（中央公論社、一九八五年）
西部邁『私の憲法論』（徳間書店、一九九一年）
大嶽秀夫編・解説『戦後日本防衛問題資料集（1）非軍事化から再軍備へ』（三一書房、一九九一年）
大嶽秀夫編・解説『戦後日本防衛問題資料集（2）講和と再軍備の本格化』（三一書房、一九九二年）
大嶽秀夫編・解説『戦後日本防衛問題資料集（3）自衛隊の創設』（三一書房、一九九三年）
粕谷進『憲法第九条と自衛権〔新版〕』（信山社、一九九二年）
杉原泰雄『憲法第9条の時代』（岩波書店、一九九二年）
杉原泰雄編著『資料で読む日本国憲法』（岩波書店、一九九四年）
村川一郎／初谷良彦『日本国憲法制定秘史』（第一法規出版、一九九四年）
辻邦生／堤清二／安江良介『鼎談　戦後50年を問う』（信濃毎日新聞社、一九九四年）
芦部信喜／高橋和之編『別冊ジュリスト　憲法判例百選Ⅱ〔第三版〕』（有斐閣、一九九四年）
長谷川正安『日本の憲法』（岩波書店、一九九四年）
樋口陽一／井上ひさし『「日本国憲法」を読み直す』（講談社、一九九四年）
古関彰一解説／岡部史信訳『GHQ日本占領史（7）憲法制定』（日本図書センター、一九九六年）

今井一『大事なことは国民投票で決めよう！』（ダイヤモンド社、一九九六年）
豊下楢彦『安保条約の成立』（岩波書店、一九九六年）
星野安三郎／古関彰一『日本国憲法―平和的共存への道』（高文研、一九九七年）
萩原遼『朝鮮戦争―金日成とマッカーサーの陰謀』（文藝春秋、一九九七年）
ヒュー・ボートン／五百旗頭真監修（五味俊樹訳）『戦後日本の設計者』（朝日新聞社、一九九八年）
樋口陽一『憲法と国家』（岩波書店、一九九九年）
高橋和之／大石真編『憲法の争点〔第3版〕』（有斐閣、一九九九年）
佐高信／福島瑞穂『「憲法大好き」宣言』（社会思想社、二〇〇〇年）
西修『日本国憲法はこうして生まれた』（中央公論新社、二〇〇〇年）
樋口陽一『個人と国家―今なぜ立憲主義か』（集英社、二〇〇〇年）
樋口陽一／大須賀明編『日本国憲法資料集〔第4版〕』（三省堂、二〇〇〇年）
栗栖弘臣『日本国防軍を創設せよ』（小学館、二〇〇〇年）
宮澤喜一／中曾根康弘『憲法大論争―改憲 vs. 護憲』（朝日新聞社、二〇〇〇年）
星野安三郎ほか／歴史教育者協議会編『【資料と解説】世界の中の憲法第九条』（高文研、二〇〇〇年）
竹前栄治／岡部史信『日本国憲法検証―資料と論点（1）憲法制定史』（小学館、二〇〇〇年）
古関彰一『日本国憲法検証―資料と論点（5）9条と安全保障』（小学館、二〇〇一年）
竹前栄治／岡部史信／前田尚則『日本国憲法検証―資料と論点（7）護憲・改憲史論』（小学館、二〇〇一年）
中西輝政編『憲法改正』（中央公論新社、二〇〇一年）
『諸外国の憲法事情』（国立国会図書館調査及び立法考査局、二〇〇一年）
佐瀬昌盛『集団的自衛権』（ＰＨＰ研究所、二〇〇一年）
佐高信編『日本国憲法の逆襲』（岩波書店、二〇〇一年）
西修『ここがヘンだよ！　日本国憲法』（アスキー、二〇〇一年）

中村明『戦後政治にゆれた憲法九条』(中央経済社、二〇〇一年)
小林よしのり/田原総一朗『戦争論争戦』(幻冬舎、二〇〇一年)
軍事ジャーナリスト会議編『自衛隊「戦争」解禁!』(宝島社、二〇〇一年)
渡辺治『憲法「改正」は何をめざすか』(岩波書店、二〇〇一年)
渡辺治編著『憲法「改正」の争点』(旬報社、二〇〇二年)
和田春樹『朝鮮戦争全史』(岩波書店、二〇〇二年)
浅井基文『集団的自衛権と日本国憲法』(集英社、二〇〇二年)
古関彰一『「平和国家」日本の再検討』(岩波書店、二〇〇二年)
小室直樹『日本国憲法の問題点』(集英社インターナショナル、二〇〇二年)
憲法再生フォーラム『有事法制批判』(岩波書店、二〇〇三年)
今井一編著『対論! 戦争、軍隊、この国の行方—九条改憲・国民投票を考える』(青木書店、二〇〇四年)
ジョン・ダワー(三浦陽一ほか訳)『敗北を抱きしめて—第二次大戦後の日本人(上・下)〔増補版〕』(岩波書店、二〇〇四年)
寺嶋俊穂『市民的不服従(政治理論のパラダイム転換)』(風行社、二〇〇四年)
鶴見俊輔/上野千鶴子/小熊英二『戦争が遺したもの』(新曜社、二〇〇四年)
西鋭男『國破れてマッカーサー』(中央公論新社、二〇〇五年)
大嶽秀夫『再軍備とナショナリズム—戦後日本の防衛観』(講談社、二〇〇五年)
田中伸尚『憲法九条の戦後史』(岩波書店、二〇〇五年)
愛敬浩二『改憲問題』(筑摩書房、二〇〇六年)
畠基晃『憲法9条—研究と議論の最前線』(青林書院、二〇〇六年)
イマヌエル・カント(池内紀訳)『永遠平和のために』(集英社、二〇〇七年)
山室信一『憲法9条の思想水脈』(朝日新聞社、二〇〇七年)
南部義典『Q&A解説・憲法改正国民投票法』(現代人文社、二〇〇七年)

共同通信社憲法取材班『「改憲」の系譜―9条と日米同盟の現場』（新潮社、二〇〇七年）
塩田純『日本国憲法誕生―知られざる舞台裏』（NHK出版、二〇〇八年）
田村理『僕らの憲法学―「使い方」教えます』（筑摩書房、二〇〇八年）
藤森研『日本国憲法の旅』（花伝社、二〇一一年）
松竹伸幸『憲法九条の軍事戦略』（平凡社、二〇一三年）
松竹伸幸『集団的自衛権の深層』（平凡社、二〇一三年）
坂田雅裕編著『政府の憲法解釈』（有斐閣、二〇一三年）
南部義典／早川忠孝『動態的憲法研究』（PHPパブリッシング、二〇一三年）
樋口陽一『いま、「憲法改正」をどう考えるか』（岩波書店、二〇一三年）
小林節『白熱講義！ 日本国憲法改正』（ベストセラーズ、二〇一三年）
小林節『「憲法」改正と改悪―憲法が機能していない日本は危ない』（時事通信出版局、二〇一三年）
想田和弘『日本人は民主主義を捨てたがっているのか？』（岩波書店、二〇一三年）
想田和弘『熱狂なきファシズム―ニッポンの無関心を観察する』（河出書房新社、二〇一四年）
上野千鶴子『上野千鶴子の選憲論』（集英社、二〇一四年）
豊下楢彦／古関彰一『集団的自衛権と安全保障』（岩波書店、二〇一四年）
半田滋『日本は戦争をするのか―集団的自衛権と自衛隊』（岩波書店、二〇一四年）
柳澤協二『亡国の集団的自衛権』（集英社、二〇一五年）
伊勢崎賢治『日本人は人を殺しに行くのか―戦場からの集団的自衛権入門』（朝日新聞出版、二〇一四年）
東谷暁『不毛な憲法論議』（朝日新聞出版、二〇一四年）
伊藤真『やっぱり九条が戦争を止めていた』（毎日新聞社、二〇一四年）
田村理『憲法を使え！―日本政治のオルタナティブ』（彩流社、二〇一五年）
小林節『憲法改正の覚悟はあるか―主権者のための「日本国憲法」改正特別講座』（ベストセラーズ、二〇一五年）

［雑誌］
『日本国憲法のすべて―THIS IS 読売　臨時増刊』一九九七年五月号（読売新聞社）
石原慎太郎「百年河清を俟って国滅ぶ―なぜ憲法を否定しないのか」『諸君！』二〇〇一年二月号（文藝春秋）
「なにか悪いことしましたか？　日本国憲法」『週刊金曜日』二〇〇一年四月二七日・五月四日合併号（金曜日）
「総力特集：『新世紀戦争』に備える」『諸君！』二〇〇一年一一月号（文藝春秋）
「特集：改憲論の欺瞞性」『軍縮問題資料』二〇〇二年六月号（宇都宮軍縮研究室）
石原慎太郎／中曾根康弘／鳩山由紀夫「新年特別鼎談：憲法改正の行動計画」『Ｖｏｉｃｅ』二〇〇二年一月号（ＰＨＰ研究所）
髙坂節三「憲法を改め、ウソの文化と決別せよ」『論座』二〇〇三年七月号（朝日新聞社）
「特集：私の憲法論」『新潮45』二〇一三年七月号（新潮社）
「特集：自衛隊60年―戦争する軍隊への変貌」『前衛』二〇一四年七月号（日本共産党中央委員会）
「緊急提言：「国民投票」を考える。」『通販生活』一九九四年春号（カタログハウス）
「通販生活の国民投票：憲法九条は改正すべきか、すべきでないか。」『通販生活』二〇〇〇年春号（カタログハウス）
「特集：これからの、この国のかたち―日本の国際貢献と自衛隊の海外派遣」『通販生活』二〇〇六年秋号（カタログハウス）
「憲法九条国民投票に備える勉強シリーズ。これからの自衛隊はどうあるべきか、５人の視点」『通販生活』二〇〇七年夏号（カタログハウス）
「通販生活の国民投票：自衛隊をいつでも海外派遣できる『恒久法』の制定は是か非か」『通販生活』二〇〇九年春号（カタログハウス）
「通販生活の国民投票：北朝鮮の核の脅威に直面して『なおさら憲法九条は守っていくべきだ』『九条を改定して軍事力を強化すべきだ』さあ、どっち？」『通販生活』二〇〇九年秋冬号（カタログハウス）
「通販生活の国民投票：日米安保条約は・対等な関係に修正したうえでまだまだ必要だとお考えですか。・2国間だけの安保条約はそろそろ解消しようとお考えですか」『通販生活』二〇一〇年秋冬号（カタログハウス）
「特集：普天間問題『日米安保の是非を国民投票で問い、最も賛成率が高かった都道府県に基地を引き取ってもらいましょう』」『通

販生活』二〇一一年夏号（カタログハウス）
「緊急特集：『憲法九条』を解釈で破壊してしまう安倍内閣の『集団的自衛権行使容認』ってあまりにも横紙やぶりじゃないですか。」『通販生活』二〇一四年春号（カタログハウス）
「通販生活の国民投票：安倍自公内閣の集団的自衛権の行使を『解釈改憲』で認めることに賛成？　反対？」『通販生活』二〇一四年夏号（カタログハウス）
「集団的自衛権行使の是非については、国民投票で決めるのが筋でしょう」『通販生活』二〇一四年秋冬号（カタログハウス）

［**映像**］
『映像でつづる昭和の記録（11）占領と民主化の歩み』（ＮＨＫサービスセンター、一九八八年）
『映像でつづる昭和の記録（12）再建の道けわし』（ＮＨＫサービスセンター、一九八八年）
『映像でつづる昭和の記録（13）講和条約調印』（ＮＨＫサービスセンター、一九八八年）
『マッカーサーとその時代』（文藝春秋、一九九五年）
『日本国憲法を生んだ密室の９日間』（ドキュメンタリー工房、一九九五年）
『ドキュメント・日本国憲法第九条』（文藝春秋、一九九八年）
『ＤＶＤドキュメント朝鮮戦争』（コスミック出版、二〇一一年）
『昭和の選択（2）サンフランシスコ講和―吉田茂　独立への苦闘』（ＮＨＫ、二〇一四年）
『ＮＨＫ特集・日本の戦後（1）日本の分割―知られざる占領計画』（ＮＨＫ、一九七七年）
『ＮＨＫ特集・日本の戦後（2）サンルームの2時間』（ＮＨＫ、一九七七年）
『ＮＨＫ特集・日本の戦後（9）老兵は死なず―マッカーサー解任』（ＮＨＫ、一九七八年）
『ＮＨＫ特集・日本の戦後（10）オペラハウスの日章旗―サンフランシスコ講和会議』（ＮＨＫ、一九七八年）
『ＮＨＫ特集　激動の記録（４）復興途上―日本ニュース昭和23-25年』（ＮＨＫ、一九八〇年）

今井 一（いまい はじめ）
1954年生まれ。ジャーナリスト。1990年以降、ソ連やバルト３国で実施された国民投票を取材し、1996年からは新潟県巻町を皮切りに各地に広まった住民投票を精力的に取材する。また2004、2005年には、スイス、フランス、オランダ、2012年にはスウェーデン、リトアニアへ赴き国民投票の実施実態を調査。2006〜2007年には衆参両院の「憲法調査特別委員会」に５度にわたり参考人及び公述人として招致され、国民投票のルールや諸外国での実態などについて陳述する。著書に『「憲法九条」国民投票』（集英社、2003年）、『「９条」変えるか変えないか 憲法改正・国民投票のルールブック』（現代人文社、2005年）、『市民が広げる議会公開――傍聴を閉ざす議会とメディアの欺瞞』（現代人文社、2008年）、『「原発」国民投票』（集英社、2011年）など。

「解釈改憲《かいしゃくかいけん》＝大人《おとな》の知恵《ちえ》」という欺瞞《ぎまん》
九条国民投票で立憲主義をとりもどそう

2015年８月15日　第１版第１刷発行

著　者　今井　一
発行人　成澤壽信
編集人　北井大輔
発行所　株式会社 現代人文社
〒160-0004
東京都新宿区四谷2-10八ツ橋ビル7階
Tel 03-5379-0307　Fax 03-5379-5388
E-mail henshu@genjin.jp（編集）　hanbai@genjin.jp（販売）
Web www.genjin.jp
発売所　株式会社 大学図書
印刷所　株式会社 ミツワ
装　幀　大音智史（有限会社ツヴァイ）
検印省略　Printed in Japan
ISBN978-4-87798-614-8 C0036